O FUNDAMENTO ABBA

CONHECENDO O PAI ATRAVÉS DOS OLHOS DE JESUS

Dra. Chiqui Wood
com o Dr. Kerry Wood

© Dr. Kerry Wood - 2018

Título original:
The Abba Fundation

Publicado originalmente por:
Burkhart Books

Publicado no Brasil por:
Lifestyle Christianity

Contato:
*Rodovia BR-277
Curitiba-Ponta Grossa, 2500
Mossunguê, Curitiba - PR*

*+55 (41) 98462-4059
+55 (41) 99899-7862
contato@housechurch.com.br*

Direção:
Fabio Lugarini

Tradução:
Marcos Taveira

Revisão:
Fabio Lugarini

Capa:
Rafael Alvares

Diagramação:
Alvares Design

Coordenação:
Luciana Oliveira

Dados Internacionais de Catalogação na Publicação (CIP)
(Câmara Brasileira do Livro, SP, Brasil)

Wood, Chiqui
    O fundamento Abba : conhecendo o Pai através dos olhos de Jesus Chiqui Wood, Kerry Wood. -- 1. ed. -- Curitiba, PR : Ed. do Autor, 2022.

    ISBN 978-65-00-53330-9

    1. Cristianismo 2. Deus - Adoração e amor 3. Devoção a Deus 4. Vida cristã I. Wood, Kerry. II. Título.

22-129210   CDD-231.6

Índices para catálogo sistemático:
1. Deus : Amor : Cristianismo 231.6
Aline Graziele Benitez - Bibliotecária - CRB-1/3129

2023

Todos os direitos reservados: *Nenhuma parte desta edição pode ser reproduzida, armazenada ou transmitida de qualquer modo ou por quaisquer meios sem a prévia permissão por escrito do Autor ou do ministério Lifestyle Christianity.*

ÍNDICE

Dedicatória 05

Agradecimentos 07

Prefácio 11

Introdução 17

Uma Questão de Perspectiva 21

O Nosso Deus Relacional 41

O Pai e a Criação 57

A Vontade do Pai 79

A Missão do Pai 105

O Pai e a Santidade 123

O Pai e os Relacionamentos 147

O Pai e a Liberdade 177

Os Dons do Pai 209

O Chamado do Pai 227

Bibliografia 247

Notas 251

DEDICATÓRIA

É com muita gratidão que dedico esta obra ao meu amigo, o Dr. Wess Pinkham.

AGRADECIMENTOS

Sou tão grata ao meu esposo, Kerry Wood, o qual personifica o amor do Pai, do Filho e do Espírito Santo, amor esse que é centrado nos outros e é altruísta. O Kerry se destaca na "competição de generosidade" e eu sou a feliz recebedora do seu amor e constante encorajamento. O Kerry não somente é um marido maravilhoso; os seus ensinamentos também têm acrescentado muita profundidade ao meu entendimento de questões espirituais. Tenho sido privilegiada pelo fato de estar sob os seus ensinamentos durante muitos anos, e muito mais ainda pelo fato de ter a honra de ser sua parceira no ministério. Amamos ensinar juntos; tanto é que, a essa altura, eu honestamente não poderia dizer-lhe se alguns dos meus pensamentos se originaram comigo ou com ele. Assim sendo, onde quer que algum crédito seja devido, obrigado, Querido! Em muitos e muitos níveis, posso dizer honestamente: "Eu não poderia tê-lo feito sem você!"

Uma das melhores decisões que já tomei foi participar do programa de Doutorado de Ministério sob a direção do Dr. Wess Pinkham. O Dr. Wess, como os seus alunos o chamam, é um daqueles raros indivíduos que têm muitos diplomas avançados, porém ele ensina através da transmissão da sua própria jornada transformadora, uma vez que ele "caiu numa emboscada do Abba." Foi numa das aulas do Dr. Wess que fiquei profundamente ciente da importância do relacionamento de Jesus com o Seu Abba, e de como, quando olhamos para Jesus, o que vemos é um Filho cujos olhos estão fixos em Seu Pai. Foi enquanto eu estava lendo um dos manuscritos do Dr. Wess que ouvi uma sugestão do Espírito Santo: "E se pudéssemos ajudar as pessoas a conhecerem o Pai?" E assim começou a minha jornada no doutorado – uma jornada de descoberta, de transformação e crescimento pessoal, e, mais importante de tudo, uma jornada de tornar-me extremamente ciente dos muitos abraços do Abba que estávamos recebendo diariamente.

O Dr. Wess apresentou-me a pessoas significativas, como o Dr. Marty Folsom, que se tornou o meu mentor de projeto. O Marty é um desses teólogos singulares que nos ajudam a ligarmos os pontos para vermos a praticalidade de uma teologia trinitarista sã.

Através das leituras vim a conhecer outros, como Brennan Manning, o qual consegue descrever o amor do Pai de maneiras profundas, porém simples; Ray Anderson, Karl Barth, Graham Buxton, Gordon Fee, Stanley Grenz, Colin Gunton, Jack Hayford, John Macmurray, Alistair McFadyen, J. B. Torrance, T. F. Torrance, Dallas Willard, e N. T. Wright, cuja teologia moldou a minha; e muitos outros, que contribuíram com estes escritos. Tentei dar crédito a quem crédito é devido; assim sendo, você os verá sendo citados nas notas de rodapé e na bibliografia.

O meu amor pelo Abba tem crescido exponencialmente, e a minha esperança é que este livro seja a minha contribuição para que muitos outros venham a conhecer o Abba de Jesus; que caiam numa emboscada do Seu amor; que se sintam em casa em Sua presença, e que embarquem numa jornada de descoberta, estupefação e maravilhamento no amor do nosso Deus.

Tenho uma grande dívida de gratidão com a Donna Burley, Scharlotte Celestine, Cathy Haggard, Ryan Northcutt, Wess Pinkham, e Kerry Wood, os meus maravilhosos amigos que tomaram o tempo para lerem os manuscritos e fornecerem feedback, correções, perguntas, e sugestões que me ajudassem a comunicar-me mais claramente.

Obrigado ao Tod e à Tammy Williams, pelo uso do seu chalé "Doze Pedras" para o nosso retiro de redação, onde a maioria destas páginas foram redigidas.

PREFÁCIO

A última instrução de Jesus antes de ascender ao Pai é comumente chamada de a Grande Comissão: *"Ide, portanto, e fazei discípulos de todas as nações"* (Mt 28.19). Isso frequentemente levanta a pergunta: "O que é um discípulo?" ou "Com o que se parece um verdadeiro discípulo de Jesus?"

Dizermos que muitos livros já foram escritos sobre o assunto seria uma atenuação. Uma simples busca na Internet sobre o tema gera mais de 10.000 títulos de livros. Alguns desses livros têm a ver com um chamado a fazermos discípulos; outros são estudos bíblicos relacionados ao discipulado, mas a vasta maioria propõe passos práticos que resultarão no discipulado. A ideia geral adotada nessa literatura é que somos salvos pela graça, mas, uma vez que nascemos de novo, precisamos aprender as disciplinas, comportamentos e atitudes do cristão, para que possamos crescer e ser transformados à semelhança de Jesus. Mas o crescimento espiritual é o *resultado* do relacionamento com Deus, e não a sua causa.

Na verdade, uma preocupação com o comportamento e o desempenho frequentemente se torna um obstáculo, ao invés de uma ajuda ao nosso relacionamento com Deus. Por exemplo, os pastores ou líderes talvez queiram que as pessoas desenvolvam uma disciplina de oração, achando que a oração desenvolverá o seu relacionamento com Deus. No entanto, como Henri Nouwen salienta, a maioria das pessoas vive a sua vida num contexto de temor – temor dos outros, temor de Deus, e de ansiedade em geral. Assim sendo, quando tentam aproximar-se de Deus em oração, o seu temor as impulsiona às muitas distrações que o mundo tem para oferecer.[1] Mas elas sabem que deveriam orar! (Isso é o que os "bons cristãos" fazem.). Portanto, sentem-se fracassadas em sua vida de oração, o que somente exacerba o temor, o qual as impede de desenvolverem a disciplina da oração. Este círculo vicioso é o que frequentemente vemos quando enfatizamos comportamentos e desempenho. Como Ray Anderson diz, "muito frequentemente tentamos desenvolver os nossos programas de discipulado em conformidade com regras, disciplinas, e personalidades religiosas voltadas ao controle." Esses programas "podem produzir robôs religiosos, que talvez careçam da verdadeira motivação para o discipulado, que é o amor." [2]

Esta preocupação com o comportamento correto está em oposição ao Evangelho da graça. Como Brennan Manning diz, "a Igreja Americana hoje aceita a graça na teoria, mas a nega na prática. Dizemos que cremos que a estrutura fundamental da realidade é a graça, e não as obras – mas as nossas vidas refutam a nossa fé. Em geral, o Evangelho da graça não é nem proclamado, entendido, nem vivido. Muitíssimos cristãos estão vivendo na casa do temor, e não na casa do amor." [3]

O que significa vivermos na "casa do temor"? Permitam-me ilustrar isso com alguns exemplos. Uma amiga estava compartilhando a sua preocupação em tomar uma decisão errada e explicou: "Fico aterrorizada com a disciplina de Deus." A sua apreensão era genuína, mas o seu raciocínio revelava uma perspectiva doentia de Deus. Infelizmente, ela não é a única com este sentimento. Muitos cristãos compartilham desse temor (e talvez você seja um deles). Como parte do meu projeto de doutorado, fiz pesquisas entre cristãos em 4 cenários diferentes entre 2011 e 2014, e descobri que mais da metade dos participantes das pesquisas vivem com temor da disciplina de Deus; 82% deles creem que Deus tem aversão ao pecado; e 67% creem que independentemente do quanto tentarem, não chegarão exatamente ao nível da santidade que Deus espera deles.[4] Estão vivendo na "casa do temor".

Um pastor recentemente perguntou à sua congregação: "Quantos de vocês acham que Deus não consegue olhar para vocês, exceto através de Cristo, porque vocês são realmente horríveis?" Não surpreendentemente, muitos levantaram as suas mãos. Eles, também, estão vivendo na "casa do temor". Refletindo sobre esta resposta, ele comenta: "Creio que o nosso pensamento errôneo sobre Deus está no centro de grande parte das coisas que dão errado na Igreja e no mundo. Em Êxodo, Deus Se revela a Moisés como o grande Deus, gracioso e cheio de amorosa benignidade, mostrando compaixão a milhares. Há apenas uma linha sobre Ele não deixar as coisas sem punição, mas temos a tendência de focarmos isso e de ignorarmos o grande, compassivo, amoroso e gracioso Deus. Se começarmos a partir de um lugar de acharmos que Deus está irado conosco, então não importará o quanto Ele mostrar o Seu amor, voltaremos a uma mentalidade de desempenho. Em algum ponto, ninguém nem mesmo desejará servi-Lo porque Ele simplesmente estará tão irado e descontente que estaremos melhor por conta própria." [5]

O problema com o discipulado em nosso contexto (a Igreja Ocidental no Século XXI) é que temos abordado isso do ângulo errado. Algo precisa mudar. Recorro novamente a Brennan Manning, que sugere uma abordagem diferente: "Precisamos de um novo tipo de relacionamento com o Pai que expulse o temor e a desconfiança e a ansiedade e a culpa, que permita que sejamos esperançosos e alegres, confiantes e compassivos. Temos que nos converter das más notícias às boas novas, de não esperarmos nada a esperarmos algo." [6] Estou escrevendo este livro com a convicção de que os discípulos não são feitos focando-se em comportamentos, atitudes, ou até mesmo nas disciplinas de um discípulo, mas focando-se em Deus ao invés.

Com base nisso, a minha definição de "discípulo" é *alguém que livremente recebe o amor do Pai e responde à Sua presença, o que é evidenciado pelo amor e a ação centrados nos outros.* É um processo de transformação através da presença de Deus habitando dentro de nós (pelo Espírito Santo), à medida que crescemos no relacionamento com Deus e de uns com os outros. Assim sendo, as nossas crenças, atitudes, e comportamentos refletem progressivamente a imagem de Cristo – como o ser humano realizado no relacionamento, tanto com Deus como com o seu próximo. Se este for o caso, então precisaremos perguntar: "Como crescemos como discípulos de Jesus?"

Jesus disse que o primeiro e maior mandamento é "amar o Senhor teu Deus com todo o teu coração e com toda a tua alma e com todo o teu pensamento" (Mt 22.37). Parece evidente que o fundamento para o discipulado deveria ser experimentarmos o amor de Deus – a Sua maneira de ser – ao invés de focarmos princípios e disciplinas.

Como Jesus pegou doze homens simples e os transformou nos mais radicais transformadores do mundo da história? Uma chave encontra-se no Evangelho de Marcos (Mc 3.14,15), em que ele diz que Jesus *"designou doze, para que pudessem estar com Ele e para que Ele pudesse enviá-los para pregarem, e para que tivessem poder para curarem enfermidades e para expulsarem demônios."* Frequentemente focamos a parte do envio e das ações, mas somos negligentes em notarmos que Ele primeiramente os designou *para que pudessem estar com Ele*. A abordagem de Jesus ao discipulado fundamentava-se no relacionamento – um relacionamento de amor e proximidade – e, assim sendo, segue-se que, se quisermos ser semelhantes a Jesus, mais do que focarmos o que fazemos, a nossa prioridade deveria ser fixarmos os nossos olhos no Pai, conhecermos o amor do *Abba*, recebermos o Seu amor, e sabermos quem somos n'Ele.

Observação

Livros inteiros poderiam ser escritos – e, na verdade, muitos já foram escritos – sobre cada um dos assuntos abordados neste livro. A minha meta não é fornecer um estudo completo de cada um deles; nem responder a todas as perguntas possíveis sobre o assunto. O meu desejo é fornecer uma estrutura para conhecermos ao Pai, o *Abba* de Jesus, da maneira com que Jesus revela quem Ele é. A minha meta é que nos aproximemos mais do coração do Pai, que tenhamos uma revelação do Seu amor que nos permita que nos inclinemos ao mistério do desconhecido – as perguntas não respondidas, o inexplicável – com a certeza de que o *Abba* é bom, que o *Abba* nos ama, e que podemos confiar no *Abba*.

Para aqueles de vocês que querem pesquisar mais profundamente os assuntos que estou abordando, forneci notas de rodapé para dirigi-los a estudiosos que falam mais minuciosamente sobre esses assuntos. Sou eternamente grata a cada um desses autores. Os seus escritos têm me inspirado como também me desafiado. As suas obras moldaram a minha teologia, e eu não poderia ter escrito este livro sem elas. Verdadeiramente temos como base o ombro de gigantes, e sou grata pelos muitos homens e mulheres que têm investido em minha vida.

O Meu Desejo para Você

Quando comecei a escrever este livro, eu achava que a tarefa seria fácil. Nos últimos dez anos, tenho ensinado esta série de lições, de uma forma ou de outra, muitas vezes. Sou apaixonada por este tema. Mas, quando as ensino, uso ilustrações visuais, exercícios, perguntas para debates, e atividades que reforçam o que estamos dizendo. Colocar tudo isso em formato de livro é muito mais difícil do que eu imaginava.

O meu desejo para você é que você receba da leitura deste livro tanto quanto outros têm recebido por participarem das aulas. Assim sendo, o meu encorajamento a você é que você convide alguns amigos a fazerem esta jornada com você. Leiam o livro juntos; falem sobre ele; debatam as perguntas no final de cada capítulo; envolvam-se nas reflexões e orações. O Meu desejo é que vocês tenham um encontro com o Pai, o *Abba* de Jesus, através de cada um dos capítulos; e que vocês experimentem isso mais plenamente quando o fizerem num relacionamento com outros.

INTRODUÇÃO

Quando pensamos em sermos semelhantes a Jesus, pensamos em todas as coisas que Ele fazia e dizia. A nossa preocupação está em imitá-Lo. Mas, quando olhamos para Jesus, o que vemos é um Filho que está completamente consumido de amor pelo Seu Pai. Jesus O chama de *Abba* – o termo aramaico mais afetuoso, que expressa um relacionamento íntimo entre um filho e o seu pai. Seria como "Papai" em nossa língua.

Em João 13.1-15, vemos Jesus pegando uma toalha e lavando os pés dos Seus discípulos. Ele diz que é um exemplo a seguirmos. Portanto, ensinamos as pessoas que deveríamos servir uns aos outros como Jesus o fez. Mas frequentemente perdemos a razão pela qual Jesus fazia o que fazia. O que havia com relação a Ele que O tornava livre para servir aos outros? João explica:

> *"Jesus, sabendo que o Pai havia entregado todas as coisas em Suas mãos, e que Ele havia vindo de Deus, e que voltaria a Deus, levantou-Se da ceia. Deixou de lado as Suas vestimentas externas, e, pegando uma toalha, amarrou-a ao redor da Sua cintura"* (Jo 13.3,4).

Jesus estava confiante com relação a quem Ele era porque Ele conhecia o Pai. Ele conhecia o amor do Pai, e Ele sabia que era amado e aceito pelo Pai. Jesus fazia o que fazia por causa do Seu relacionamento com o Seu *Abba*. A liberdade de Jesus – amar, servir, dar altruisticamente – estava inextricavelmente ligada ao Seu relacionamento com o Pai.[7] Mas isso não era exclusivo a Jesus.

Jesus demonstra o plano original de Deus para a humanidade e abre o caminho para que "todo aquele que quiser" se torne um filho de Deus através d'Ele. Na verdade, uma das maiores revelações que recebemos de Jesus é vista quando os Seus discípulos Lhe perguntam como devem orar. Jesus respondeu:

> *"Quando vocês orarem, digam:*
> *'Pai, santificado seja o Teu nome'"* (Lc 11.2).

Talvez isto não pareça significativo, a menos que entendamos o pano de fundo da história. Primeiramente, a palavra que é traduzida por *Pai* é a palavra aramaica *Abba*. O uso do termo *Abba* é em si mesmo indicativo do nível de intimidade entre Jesus e o Pai. Muito embora a noção de se ver uma divindade como "pai" não fosse incomum na antiguidade, no judaísmo palestínico a palavra "Pai" raramente era usada para se referir a Deus. Quando era usada, era num sentido comunitário (o Pai da Criação; o Pai de Israel), e enfatizava a reverência e a obrigação do povo em obedecê-la. Mas até à época de Jesus, não há nenhum registro de um indivíduo dirigindo-se a Deus como "meu Pai".

Jesus quebra todas as normas e ainda vai além. Ele não somente Se dirige a Deus como "Meu Pai", mas também usa o termo *Abba*. Isso era revolucionário! Para uma mente judaica, teria sido uma irreverência o uso de um termo tão íntimo assim para nos dirigirmos a Deus. O uso de Jesus era novo, singular, e inédito. Jesus conversava com Deus assim como uma criança conversa com o seu pai, denotando intimidade e segurança. A palavra especial de Jesus correspondente a Pai, *Abba*, transmite a ideia de "um relacionamento especial de valorizar muito e de ser muito valorizado que simplesmente não poderia ser quebrado. Seria inimaginável." [8] Portanto, não há dúvida nenhuma de que, quando Jesus usa *Abba* para dirigir-Se a Deus, Ele está revelando a própria base do relacionamento d'Eles. [9]

Em segundo lugar, quando os discípulos pediram a Jesus que lhes ensinasse a orar, eles estavam Lhe pedindo uma oração singular que servisse como um símbolo da comunhão deles. Ensinando-lhes (e por extensão a nós) a invocarem a Deus como *Abba*, Jesus essencialmente nos autorizou a participarmos da Sua comunhão com Deus. [10] A singularidade dos discípulos de Jesus é que, através de Jesus, chegamos a participar da comunhão do Pai, Filho e Espírito Santo. [11] Podemos conhecer a Deus como *Abba* e viver na segurança do Seu abraço.

O nosso desafio é que temos a tendência de termos noções errôneas sobre o Pai, e, assim sendo, desenvolvemos as nossas doutrinas sobre um fundamento defeituoso. Na verdade, A. W. Tozer diz que "raramente há um erro numa doutrina ou um lapso na aplicação da ética cristã que não possa ser finalmente rastreado a pensamentos imperfeitos e ignóbeis sobre Deus." [12] Uma outra maneira de dizermos isso é que o que cremos com relação a Deus afeta o que cremos com relação a tudo mais. Para corrigir isso, quero mostrar-lhe o Pai através dos olhos de Jesus. Quero apresentar-lhe ao *Abba* através dos olhos do Filho que veio para revelá-Lo.

O que se segue nas páginas deste livro é a minha contribuição para ajudá-lo a crescer em seu relacionamento com o *Abba*. Neste livro, você não encontrará uma lista de coisas que você precisa fazer para que o Pai Se agrade de você. Você não encontrará passos práticos para desenvolver disciplinas que o transformarão num "bom cristão". Você não encontrará uma lista de doutrinas que você precisa aprender, como se houvesse algum "teste cósmico" no final dos nossos dias que determine se vamos passar a eternidade com o Pai. Ao invés, iniciaremos, estabelecendo a importância de uma perspectiva correta e explicando como Jesus nos dá o mais claro e mais confiável retrato do Pai. Em seguida, tentaremos explorar o coração do Pai através dos olhos de Jesus, olhando para Deus como um Ser Triuno. Olharemos para o Pai e a Criação, a vontade do Pai, a missão do Pai, o Pai e a santidade, o Pai e os relacionamentos, o Pai e a liberdade, os dons do Pai, e o chamado do Pai.

A minha esperança é que esses capítulos forneçam um firme fundamento para um relacionamento contínuo entre você e o Deus Triuno, de tal forma que você receba o amor do Pai, Filho e Espírito Santo, que você experimente uma liberdade cada vez maior do temor, e que você seja motivado e capacitado para relacionamentos saudáveis, obediência e serviço. Esta é a chave para uma vida abundante.

CAPÍTULO

1

Uma Questão de Perspectiva

*Quem viu a Mim
viu o Pai – Jesus*

CAPÍTULO 1 - *Uma Questão de Perspectiva*

Fico fascinado com ilusões ópticas. Presumo que você saiba do que estou falando. São representações gráficas que enganam os nossos olhos, para que vejam algo que não é a realidade de fato – como linhas que se movem, pontos dançando, ou cores que mudam – ou que nos forçam a olharmos duas vezes para notarmos algo que esteja presente, mas que não percebemos, a menos que olhemos mais de perto. Uma ilusão bem conhecida é a silhueta simples que pode representar um coelho ou um pato, dependendo-se de como você interpretar a figura. Outra é um desenho da cabeça de uma mulher que pode ser uma linda jovem ou uma "velha feia". Para vermos ambas interpretações, geralmente é necessário que alguém saliente os detalhes que dão as dicas visuais para a interpretação. Uma das minhas favoritas é um desenho de uma linda baía ao fundo e uma árvore no primeiro plano. O que não está prontamente aparente é que isso também é um retrato de um bebê. A maioria das pessoas tem dificuldades de encontrar o bebê, muito embora ele ocupe a maior parte da página. Precisam de um amigo que saliente o que está claramente visível, porém não percebido, porque o foco dessas pessoas está em algum outro lugar.

Numa recente viagem ao Egito, fomos ver as Grandes Pirâmides de Gizé e a Grande Esfinge. Fascinante! Durante o nosso passeio de camelo no deserto, os nossos domadores de camelos ofereceram tirar a nossa fotografia na frente das pirâmides. Eles ficam criativos com isso para que possam receber gorjetas. Assim sendo, pediram que fizéssemos poses desajeitadas, que não faziam nenhum sentido naquele momento. Depois que vimos as fotos, entendi o que estavam fazendo. Numa foto, parecia que a ponta do meu dedo estava tocando a ponta da Grande Pirâmide.

Numa outra foto, parece que estou levantando uma enorme rocha. E a minha favorita é a foto em que estou beijando a Grande Esfinge. Este, obviamente, é um outro tipo de ilusão óptica – fotos tiradas num ângulo específico para apresentarem uma visão distorcida da realidade. Essas coisas são boas para uma risada, e se tornam boas para iniciarmos conversações. Mas seria possível termos outras visões distorcidas da realidade que sejam mais significativas e que afetam toda a nossa vida?

Estou falando sobre a nossa visão de Deus. O que cremos sobre Deus determina o que cremos sobre todas as demais coisas. Assim sendo, antes de prosseguirmos, precisamos parar e perguntar se realmente conhecemos a Deus, ou se talvez temos uma visão distorcida de quem Deus é.

Precisamos de Uma Visão Correta de Deus

Francis Schaeffer explica que uma falsa visão de Deus nos dá uma falsa visão da realidade, com quatro consequências significativas: ela nos separa de Deus, que é uma alienação espiritual; ela nos separa de nós mesmos, resultando em desequilíbrios psicológicos; ela nos separa de uns com os outros, resultando em conflitos sociológicos, e nos separa da natureza, resultando num estupro ecológico (ou o mau uso e abuso dos recursos naturais).[13] Pense nisso. Seria possível que todos os problemas mais urgentes que enfrentamos em nosso mundo hoje originam-se de uma visão distorcida de Deus? Seria possível que a saúde total – espiritual, psicológica, sociológica e ecológica – começa com um relacionamento completamente saudável com o nosso Pai Celestial, onde O vemos como saudável, amoroso, perdoador, e que aceita quem somos neste exato momento? [14] Seria possível que a resposta realmente se encontra no fato de conhecermos a Deus – Pai, Filho, e Espírito Santo – num íntimo relacionamento de amor?

Talvez, a esta altura, você esteja pensando nas "pessoas lá fora" que não conhecem a Deus. Mas estou falando com você também. É que há uma grande diferença entre sabermos *sobre* Deus e *conhecermos* a Deus. Em nosso contexto ocidental moderno, temos a tendência de igualarmos o fato de termos informações com um conhecimento. Na verdade, a língua inglesa não nos ajuda, porque usamos a mesma palavra ("knowing") para denotarmos um conhecimento tanto intelectual quanto por experiência própria. Outras línguas são mais específicas, mas temos esta desvantagem. Temos informações na ponta dos dedos. Assim sendo, vivemos as nossas vidas coletando dados, e, de alguma forma, aceitamos a noção de que, pelo fato de termos muitas informações sobre alguém, conhecemos essa pessoa. Este é um dos enganos da mídia social. O simples fato de lermos os pensamentos encapsulados de alguém não significa que de fato *conhecemos* essa pessoa. Só significa que temos alguns vislumbres da sua maneira de pensar. O simples fato de eu poder ler os noticiários sobre a minha artista favorita não significa que eu a *conheça*. Só significa que eu sei algumas coisas *sobre* ela. Mas não conheço essas pessoas como *conheço* o meu marido. Passo tempo com ele; converso com ele; temos chorado e rido juntos. Compartilhamos os nossos sonhos, as nossas esperanças, e os nossos temores. Temos estado em maravilhosas aventuras e passamos por tempos difíceis. *Conhecemos* um ao outro no sentido mais verdadeiro da palavra – não porque tenhamos informações sobre o outro, mas porque temos cultivado um relacionamento de conhecermos e de sermos conhecidos.

De volta à questão de *conhecermos* a Deus. A maioria dos cristãos alegariam que *conhecem* a Deus, mas, seria possível que temos coletado informações e chegado a conclusões sobre a maneira de ser de Deus baseados em nossas próprias experiências e observações? Seria possível que temos percebido Deus como sendo diferente da maneira com que o Pai Se revela? Se temos uma visão distorcida de Deus, é difícil desenvolvermos este tipo de relacionamento íntimo, de conhecermos e de sermos conhecidos. Assim sendo, contentamo-nos com o fato de corrigirmos a nossa doutrina (até mesmo debatemos sobre ela) e supomos que, pelo fato de fazermos isso, temos um relacionamento com Deus. No entanto, uma vez mais, saber *sobre* Deus e *conhecer* a Deus são duas coisas diferentes. E frequentemente o que nos atrapalha de realmente *conhecermos* o nosso Pai é que temos informações defeituosas sobre Ele para começo de conversa. Temos um problema.

Eu gostaria de passar algum tempo para nos ajudar a vermos claramente – a nos livrarmos das ilusões ópticas e encontrarmos uma forma de restaurarmos a nossa visão de Deus, para que possamos desenvolver um relacionamento pleno com Ele, no qual possamos ser plenos também. [15] Vamos começar, por assim dizermos, fazendo a seguinte pergunta: "Onde obtemos a nossa visão de Deus?" Pense por um momento em nossas fontes.

Onde Obtemos a Nossa Visão de Deus?

Sempre que faço a pergunta "Onde obtemos a nossa visão de Deus?", a maioria dos crentes responde: "Na Bíblia". E, obviamente, Deus Se revelou através das Escrituras. O problema que temos com isso é que, antes

CAPÍTULO 1 - *Uma Questão de Perspectiva*

de começarmos a ler a Bíblia, já temos algumas noções preconcebidas de como Deus é. Quando nos achegamos a Cristo, achamos que estamos vindo com uma ficha limpa e que podemos vir a conhecer a Deus objetivamente, lendo a Bíblia. Mas o que fazemos, falando de maneira geral, é que lemos a Bíblia com as lentes da nossa visão preconcebida de Deus. Sugiro a você que todos nós fomos expostos a ideias sobre Deus provenientes de outras fontes. E, quando lemos as Escrituras, fazemos isso com um filtro que simplesmente reforça as nossas noções anteriores sobre quem Deus é. Pense por um momento: quais são algumas outras fontes que podem ter pintado um retrato de Deus – bom ou ruim – que talvez esteja criando uma distorção?

Pense na arte, por exemplo. Você já viu pinturas de histórias bíblicas? São simplesmente representações de como o artista interpreta a história. Mas, quando as vemos, subconscientemente supomos que são precisas. Talvez sejam; talvez não sejam. Talvez não façamos isso conscientemente, mas a arte tem uma maneira de imprimir em nossas mentes essas noções, as quais se tornam filtros para nós e podem atrapalhar o nosso relacionamento com Deus.

E o que dizermos sobre o mundo do entretenimento? Você já assistiu filmes ou programas de TV sobre histórias bíblicas ou sobre Deus? Aqui, uma vez mais, vemos interpretações – algumas precisas, outras completamente defeituosas. Mas pintam para nós um quadro da maneira de ser de Deus. E, quer percebamos ou não, talvez estejamos projetando a visão de Hollywood com relação a Deus em cima da nossa própria percepção de quem Deus é. O mesmo pode ser dito com relação à música, ou até mesmo com relação à política.

E com relação à mitologia? Seria possível que temos desenvolvido noções sobre Deus que são procedentes dos deuses da mitologia romana ou grega? Talvez percebamos Deus como a divindade grega Zeus, a qual impõe um código natural e universal de moralidade, e que faz o que quiser porque está impondo tudo "para o melhor". Será que é assim que Deus realmente é?

Para alguns de nós, a nossa visão de Deus foi formada por experiências religiosas. Eu cresci numa certa denominação que pintava Deus como um rei velho e irado, que estava assentado lá em cima no Céu, num distante trono, olhando para baixo para ver como eu estava me comportando e arremessando punições sempre que eu fazia algo errado. É difícil desenvolvermos um relacionamento íntimo com um deus como esse!

Para muitos de nós, a nossa visão de Deus foi formada pelas nossas experiências, especialmente pelas tribulações da vida. Quando passamos por coisas difíceis, procuramos por explicações que nos ajudem a lidarmos com a dor, e por respostas às muitas perguntas que temos.[16] No entanto, resolvemos essas questões, as quais formam em nós uma noção de quem Deus é e que terão um impacto direto em nosso relacionamento com Ele. Quando Deus dá coisas boas, talvez as vejamos como um sinal do Seu interesse e graça. Sentimos que Ele está satisfeito conosco, e, assim sendo, sentimo-nos confortavelmente perto d'Ele. Mas, quando passamos por dificuldades, atribuímos isso a Deus também, interpretando isso como um sinal do Seu descontentamento, rejeição ou vingança. Sentimo-nos expulsos por Deus. Quando avaliamos a nossa vida com o nosso entendimento limitado, achamos que Deus é inconstante e imprevisível – de bom humor num dia, e de mau humor no dia seguinte. Não sabemos o que Ele quer fazer, e, assim sendo, escolhemos nos afastar ou viver com um constante temor da Sua presença. Falaremos sobre isso mais detalhadamente mais tarde. [17]

Há duas outras influências que eu gostaria de abordar mais profundamente: uma delas porque frequentemente não estamos cientes dela, e a outra porque é tão significativa que merece uma explicação mais longa.

Romana, Grega, ou Hebraica?

Quer percebamos ou não, a Igreja Ocidental tem sido afligida pela visão de mundo romana como também grega. Ambas têm informado como vemos e nos relacionamos com Deus. Vamos começar com a visão de mundo romana, porque é a mais prevalecente na Igreja hoje. [18]

A sociedade romana era pragmática. Portanto, enfatizava a autoridade e valorizava o pensamento concreto – certo ou errado, bom ou ruim, preto ou branco. De acordo com a visão de mundo romana, a Lei é o sistema para o controle, e Deus é o Legislador que inspira o temor. A Bíblia é o livro da lei e da punição. O pecado, obviamente, significa a quebra da Lei. E a salvação tem a ver primariamente com Jesus tomando a punição que merecemos. Para os romanos, o amor é uma escolha. Será que isso parece familiar? Quando essa é a nossa visão de Deus, ficamos preocupados em termos a "doutrina correta", ensinando os outros como pensarem e agirem da "maneira correta", e ficamos principalmente preocupados com a punição ou ausência dela. Como veremos mais tarde, há alguma verdade nisso, mas esta orientação produz temor e distanciamento, ao invés de um desejo de *conhecermos* a Deus intimamente. [19]

Agora, vamos analisar a visão de mundo grega, que também se encontra presente em nosso contexto. A sociedade grega era contemplativa. Como tal, enfatizava a beleza e a verdade através de um pensamento abstrato. Lembre-se que a filosofia desenvolveu-se num contexto grego. A filosofia grega diz que tudo acontece da maneira que precisa acontecer, de acordo com o destino. As coisas são predeterminadas. A chave para a felicidade é a razoabilidade. A meta é entendermos a lei natural, e, aí então, julgarmos e agirmos compativelmente com ela. Através de uma lente grega, Deus dirige tudo para o melhor. A Lei é o princípio do Universo e a Bíblia é o livro que nos ensina esses princípios. Assim sendo, se os colocarmos na prática, poderemos esperar bons resultados. Com esta lente, podemos estar confortáveis seguindo a Jesus como o bom Mestre que Ele é. Mas isto não exige um relacionamento. Para a visão de mundo grega, o amor é um sentimento, o pecado é escolhermos o físico acima do espiritual, e a salvação é a promessa de que, algum dia, deixaremos este mundo material para passarmos a eternidade no Céu. Quando essa é nossa visão de mundo, ficamos mais preocupados com a ética e a decência, com o que é satisfatório e apropriado. Ainda há uma ênfase no comportamento, muito embora a motivação venha de um lugar diferente. [20] Uma vez mais, há uma certa verdade na lente grega. Não há nada errado com bons princípios morais. Mas será que isso é tudo o que significa ser um discípulo? Contraste essas duas visões com a orientação hebraica que se desenvolveu à medida que as pessoas iam vivendo num relacionamento de aliança com Deus.

A sociedade hebraica é relacional, e, como tal, enfatiza uma aliança, o pertencer, e a sabedoria. O amor não é nem uma escolha nem um sentimento, e sim vida compartilhada. Tem a ver com aliança e mutualidade.

CAPÍTULO 1 - *Uma Questão de Perspectiva*

Quando Deus Se revela ao povo de Israel, Ele entra em aliança com eles. Na verdade, Deus inicia e cumpre a aliança, com o propósito do relacionamento. Ele é o Deus da aliança da promessa e presença, e a Sua Lei é a expressão deste relacionamento de aliança. Eu gostaria que você notasse a ênfase no relacionamento na sociedade hebraica, que está em total contraste com a mentalidade individualista do Ocidente. Para a visão de mundo hebraica, o pecado é a perda ou o dano do relacionamento. Não é o conhecer (por experiência) um ao outro. Assim sendo, a salvação tem a ver primariamente com a restauração do relacionamento, produzindo uma inteireza no relacionamento com Deus e de uns com os outros.

Espero que, a esta altura, você já tenha identificado as muitas vozes que nos levam a termos uma visão distorcida de Deus. Se você está se sentindo um tanto quanto desconfortável, isso é bom! Pois é somente quando percebemos que não estamos vendo claramente que podemos fazer algo a respeito. Mas, antes de prosseguirmos, precisamos abordar mais uma fonte que forma a nossa visão de Deus – talvez a mais significativa, e geralmente a mais prejudicial.

Os Pais Terrenos e o Nosso Pai Celestial

Uma fonte primária da nossa visão de Deus é o nosso pai terreno. Não é nenhuma coincidência o fato de Deus revelar-Se como "Pai", muito embora essa palavra possa ter conotações negativas. Muitas pessoas têm dificuldades relacionando-se com Deus como um bom Pai por causa de suas próprias experiências com os seus pais terrenos. Sabemos que não existe nada que poderíamos chamar de um pai terreno perfeito. Alguns são melhores do que outros, mas nenhum é perfeito. Contudo, até mesmo se estivermos cientes deste fato, temos a tendência de projetarmos para Deus as características dos nossos pais terrenos. Precisamos aprender a fazermos a distinção. Alguns exemplos podem nos ajudar a ilustrarmos como isso funciona (e, a propósito, se alguns deles retratarem a sua própria experiência, por favor faça o exercício do perdão no final do capítulo antes de prosseguir para a próxima seção).

Talvez você tenha tido um pai que era ausente. Talvez ele tenha morrido quando você era jovem, ou abandonado a sua mãe, ou tido razões além do controle dele que impediram que ele estivesse com você em seus anos de formação. Talvez ele estivesse no lar, mas trabalhava por muitas horas ou viajava muito. Ou talvez ele estivesse presente fisicamente, mas não estava presente quando você precisava dele. Talvez ele simplesmente não soubesse como ter um diálogo profundo, como responder às suas perguntas, ou como mostrar-lhe o amor e afeição dele. Talvez ele só aparecesse – realmente aparecesse – quando você estava precisando de correção. Qualquer uma dessas coisas talvez faça com que você projete as mesmas características para Deus. Talvez você subconscientemente ache que Deus é a mesma coisa – ausente, distante, ou desinteressado. Talvez você saiba em sua mente que Ele está presente, mas você tem dificuldades em confiar que Ele estará presente por você quando você precisar d'Ele. Mas *Deus não é como o seu pai terreno*.

Talvez o seu pai não tenha sido um bom provedor. Talvez ele não tivesse uma boa ética de trabalho e passasse muito tempo desempregado. Talvez ele trabalhasse duro, mas não soubesse como gerenciar o dinheiro. Talvez ele tivesse vícios – drogas, alcoolismo, jogos de azar – que jogavam os fundos da família pelo ralo. Talvez ele simplesmente tenha tido um revés econômico desafortunado. Talvez ele tenha feito o melhor possível, mas simplesmente não foi o suficiente. Ou talvez ele tivesse muitos recursos, mas não sabia como dar sem esperar alguma coisa de volta. Talvez ele quisesse ensinar-lhe o valor do trabalho duro e estabeleceu a expectativa de que você tinha que merecer tudo o que ele lhe dava. Se você cresceu neste ambiente, talvez você projete para Deus a ideia de que Ele não suprirá para as suas necessidades. Talvez você ache que Deus espera que você cuide de si mesmo, que você se vire sozinho. Mas *Deus não é como o seu pai terreno.*

Talvez você tenha crescido com um pai rigoroso, que exigia a perfeição de você. Independentemente do quanto você tentasse, você achava que era impossível agradar-lhe. Talvez você tenha tido dificuldades na escola e achava que você era uma frustração. Talvez você tenha sido um bom aluno, mas o seu pai só focava o que você poderia ter feito ainda melhor. Talvez o seu pai achasse que o melhor que ele poderia fazer por você era ensinar-lhe uma disciplina inquestionável e uma obediência absoluta, de maneira que, não importando o que você fizesse, ele continuava aumentando o nível de exigências. Talvez o seu pai simplesmente não soubesse como celebrar os seus sucessos. Se este for o caso, talvez você esteja projetando as atitudes do seu pai, achando que Deus espera a mesma coisa de você. Talvez você seja como muitos e muitos que acham que, não importando o quanto você tente, Deus nunca ficará satisfeito com você. Mas *Deus não é como o seu pai terreno.*

Talvez você tenha tido a experiência oposta e crescido com um pai super condescendente. Talvez ele não estivesse por perto normalmente. Mas sempre que voltava para casa, ele lhe cobria de presentes para compensar a ausência dele. Talvez tivesse medo de magoá-lo, e, assim sendo, ele ia para o outro extremo e absolutamente não o corrigia. Talvez ele achasse que a melhor maneira de mostrar-lhe o seu amor era celebrar tudo o que você fazia, seja lá o que fosse. Se este for o seu caso, você talvez também tenha expectativas erradas de Deus, interpretando erroneamente a correção ou disciplina de Deus como uma frustração ou falta de amor por parte d'Ele. Mas *Deus não é como o seu pai terreno.*

Talvez você seja um dos poucos felizardos que cresceram com um pai terreno que sabia como estar presente, como suprir de maneiras saudáveis, como disciplinar e corrigir com amor, e como encorajar com limites. Chamaríamos essa pessoa de um "bom pai", mas Jesus diz que até mesmo esses pais são maus em comparação com Deus – o Pai (Lucas 11.13). Nas palavras e ministério de Jesus, nós O vemos numa missão de restaurar a nossa visão do Pai – o Seu *Abba* – e Ele nos convida a conhecê-Lo, não através das lentes da religião, ou das nossas experiências, ou do nosso contexto cultural, mas através dos olhos do Filho. Como fazemos isso? Conclu este capítulo, respondendo a essa pergunta.

Onde Obtemos a Imagem Correta do Pai?

Deus fornece uma maneira ou caminho infalível para dirimirmos qualquer entendimento errôneo sobre quem Ele é. Não é um método nem um sistema; nem uma doutrina, nem as próprias Escrituras. Não. O caminho é uma Pessoa. O Próprio Jesus é o caminho. Jesus é ao mesmo tempo a representação de Deus-Pai (o Deus que muitos de nós vemos como distante e inacessível) e da humanidade (Jesus é humano, sujeito ao mesmo mundo tangível como nós). Em todos os quatro Evangelhos,

CAPÍTULO 1 - *Uma Questão de Perspectiva*

Jesus descreve o Seu relacionamento com o Seu *Abba* e retrata o Deus-*Abba* como um Pai amoroso, que Se importa conosco, e compassivo, o qual habita no coração de Jesus. [21] Olhe o que a Bíblia diz sobre Jesus:

> *"Ninguém jamais viu a Deus, mas o Único Deus, que está ao lado do Pai, O revelou"* (Jo 1.18).

Jesus é Aquele que veio do lado do Pai – do lugar de um relacionamento mais íntimo com o Pai – e Ele nos revelou o Pai. Se quisermos saber como Deus é, olhamos para Jesus.

> *"Ele* [Jesus] *é a imagem do Deus invisível, o Primogênito de toda a Criação"* (Cl 1.15).

Poderíamos dizer que Jesus é a imagem do Pai em 3-D de alta definição. Ele é Aquele que nos revela, numa manifestação humana, o caráter e o ser de Deus.

Olhe este diálogo entre Jesus e os Seus discípulos:

> *"Se vocês Me* [Jesus] *conhecessem, vocês teriam conhecido o Meu Pai também; e de agora em diante vocês O conhecem e O viram.*
>
> *Filipe Lhe disse: 'Senhor, mostra-nos o Pai, e será o suficiente para nós.'*

> *Jesus lhe disse: 'Eu tenho estado com vocês há tanto tempo, mas vocês não Me conheceram, Filipe? Quem Me viu, viu o Pai. Então, como você pode dizer: Mostra-nos o Pai'?"* (Jo 14.7-9).

Jesus está enfaticamente dizendo que, se quisermos saber como Deus é, só precisamos olhar para Ele [Jesus].

> *"O Filho [Jesus] não pode fazer nada por Si mesmo, mas somente o que vê o Pai fazendo. Pois tudo o que o Pai faz, o Filho o faz igualmente"* (Jo 5.19).

Tudo o que Jesus fazia e dizia era meramente uma extensão do Seu Pai. Em outras palavras, se quisermos saber o que Deus-Pai diria ou faria em qualquer situação, olhamos para Jesus. Se Jesus não fizesse alguma coisa, o Pai não a faria tampouco. Mas, às vezes, temos ideias sobre Deus que são inconsistentes com o Pai que Jesus revela.

Você já ouviu alguém dizer: "Esta enfermidade é proveniente de Deus. Ele está me testando", ou "Deus dá e tira", ou "Deus está me ensinando uma lição"? E "Tenha cuidado com o que você pede. Se você pedir a Deus paciência, Ele vai fazer com que você passe por algo difícil para que você possa desenvolver a paciência"? Agora, contraste isso com o que vemos Jesus fazendo.

Você já viu alguma vez Jesus fazendo com que alguém ficasse enfermo para ensinar-lhe uma lição? O que Jesus fazia com os enfermos que vinham até Ele? Você já viu alguma vez Jesus dizendo: "Você não tem se comportado à altura dos Meus padrões ultimamente. Assim sendo, não vou alimentá-lo"? Ou "Desculpe, mas não posso curá-lo até que você aprenda a sua lição"?

Pense na lógica da nossa maneira de pensarmos. Cremos que o Pai adoece alguém para "testá-lo", mas vemos que Jesus sente compaixão e o cura. Será que Jesus estava agindo contrariamente aos propósitos do Seu Pai? Ou seria possível que interpretamos erroneamente a causa da enfermidade?

Cremos que o Pai diz que é hora de alguém morrer, mas vemos Jesus discordando e ressuscitando essa pessoa dentre os mortos. Será que Jesus estava desafiando a vontade do Seu Pai? Ou seria possível que fizemos suposições errôneas sobre a situação?

Nós cremos que o Pai envia uma tempestade para testar os discípulos, mas vemos Jesus acalmando a tempestade. Será que Jesus estava sendo desobediente ao Pai? Não.

Sei por experiência própria que Deus certamente usa todas as coisas pelas quais passamos, mas não confundamos o fato de que Ele usa isso com a ideia de que são procedentes d'Ele ou que são a Sua vontade. Jesus nos diz que há um inimigo que vem para roubar, matar e destruir (João 10.10). Contrastando, Ele diz: "Se vocês Me viram, vocês viram o Pai!" Tudo o que Jesus faria, em qualquer situação, é a vontade de Deus. Sempre!

Dizemos isso da seguinte maneira: *Jesus é a teologia perfeita!*

Conclusão

Neste capítulo, dissemos que o que cremos sobre Deus determina o que cremos sobre todas as demais coisas. Infelizmente, a nossa visão de Deus foi formada pela arte, entretenimento, música, religião, política, e pelas nossas próprias experiências. Ela também foi impactada pela visão de mundo romana, a qual foca a lei, as regras e os regulamentos, e pela visão de mundo grega, a qual enfatiza o pensamento abstrato e a separação dos mundos espiritual e material. Nenhuma delas valoriza os relacionamentos, que é o foco da visão de mundo hebraica, que reflete mais intimamente a maneira de ser de Deus. Uma outra fonte que impacta a nossa visão do nosso Pai Celestial é o nosso relacionamento com o nosso pai terreno. Todas essas fontes podem resultar numa visão distorcida do *Abba* de Jesus.

No entanto, também dissemos que Jesus é a expressa imagem do Pai. Assim sendo, se quisermos conhecer o *Abba*, olhamos para Jesus. Jesus é a teologia perfeita. Por mais simples que pareça, o fato de sabermos que Jesus é a maior revelação do Pai é significativo para nós. Este será o nosso fundamento, e continuaremos a construir em cima desse fundamento em todo o restante deste estudo.

Reflexão

Converse com Deus e pergunte-Lhe sobre as maneiras com que você tem tido perspectivas errôneas sobre Ele. Fique em silêncio por alguns momentos e ouça. Talvez você receba uma palavra, um quadro, uma visão, ou uma percepção genérica como resposta. Concorde com Ele, confessando o que Ele lhe mostrar e pedindo que Ele abra os seus olhos para que você possa conhecê-Lo melhor.

Converse com Deus e pergunte-Lhe o que Ele quer mostrar a você sobre Ele. Como você vê Jesus respondendo a você? Fique em silêncio por alguns momentos e ouça. Talvez você receba uma palavra, um quadro, uma visão, ou uma percepção genérica como resposta.

Oração

Pai, Te agradecemos por enviar o Teu Filho, como Tua perfeita imagem, para que pudéssemos conhecer-Te melhor. Obrigado por enviar o Teu Espírito Santo para viver conosco e para guiar-nos a toda verdade. Abre os nossos olhos espirituais para que possamos ver como temos nos atido a ideias errôneas sobre Ti e mostra-os o Teu coração mais claramente. Dá-nos olhos para discernirmos onde temos nos atido a imagens distorcidas de quem Tu és, e dá-nos uma revelação maior do Teu amor. Dá-nos um Espírito de sabedoria e entendimento para que Te conheçamos melhor. Ilumina os olhos do nosso entendimento para que conheçamos a esperança para a qual nos chamaste, as riquezas da Tua herança em nós, e a incomparável grandeza do Teu poder para conosco, de acordo com a operação do Teu grande poder. Em nome de Jesus, oramos. Amém.

(veja Efésios 1.17-19)

Discussão em Grupo

1. A nossa visão de Deus é influenciada pela maneira com que Ele é retratado na arte e no entretenimento, na música e na política, religião, e nas experiências. Como

você tem visto Deus retratado nos filmes? Como Deus é retratado na política? Como a religião tem impactado a sua visão de Deus? Como as suas experiências têm moldado a sua visão de Deus?

2. Pense nas visões de mundo romana, grega, e hebraica. Como o pensamento romano afeta a nossa visão de Deus? Como o pensamento grego afeta a nossa visão de Deus? Como a visão hebraica lhe dá uma percepção diferente de como Deus quer relacionar-Se com você?

3. Deus quer que O *conheçamos*. Discuta como você chega a conhecer alguém. Se você estivesse fazendo uma nova amizade, o que você faria para conhecer este novo amigo melhor? O que você faria para descobrir como ele pensa ou do que ele gosta?

4. Jesus é a teologia perfeita. Como isso impacta a sua visão de Deus? Você já teve experiências que talvez tenham distorcido a sua visão de Deus? Como ver ao Pai através de Jesus corrige essa visão?

Exercício do Perdão

Estou ciente de que os exemplos de pais terrenos que mencionei anteriormente talvez sejam dolorosos para você. Se você teve experiências ruins com o seu pai, quer eu as tenha mencionado ou não, elas talvez estejam impactando o seu relacionamento com Deus. Mas o Pai perfeito quer curá-lo e torná-lo completamente são. O perdão é o ponto de partida para a sua própria cura.

Tome algum tempo para conversar com Deus sobre o seu pai terreno. Tudo bem de você ser honesto e mencionar as coisas que lhe magoaram. Você não precisa encobri-las para ele. Se você foi ferido, reconheça a ferida. Talvez ajude fazer isso por escrito. Agora faça uma oração de perdão a ele. Você pode dizer algo semelhante ao seguinte:

> *Deus, eu escolho perdoar o meu pai, ..., por magoar-me. Reconheço a mágoa e quero entregá-la a Ti. Liberto o meu pai da prisão do meu coração e o entrego a Ti. Peço que Tu lides com ele em Tua perfeita justiça e que Tu cures o meu coração.*

Agora, se você puder, você poderá levar isso um passo adiante e abençoar o seu pai. Há algo com relação a abençoarmos os que nos machucaram que opera uma cura em nossos corações (Lucas 6.27,28). Peça que Deus Se revele a ele, que Ele cure quaisquer mágoas que ele possa ter, e que o cure por completo.

Algumas mágoas são profundas, e não tenho a presunção de que esta simples oração seja toda a cura que você precisa. Se você precisar de ajuda adicional, por favor consulte um conselheiro cristão que possa ajudá-lo a enfrentar essas mágoas. Peça ao seu pastor referências em sua região.

CAPÍTULO

2

O Nosso Deus Relacional

*Oro por eles, para
que todos eles sejam um,
assim como Tu, Pai,
és em Mim, e Eu em Ti,
para que também sejam
um em Nós, para
que o mundo creia
que Me enviaste
– Jesus*

Tudo o que Deus faz é consistente com quem Ele é, mas nem sempre ligamos os pontinhos. Se a nossa visão de Deus for distorcida, assim também será a nossa interpretação do que vivenciamos, vemos, ouvimos, ou lemos. Se tivermos uma concepção errônea sobre quem Deus é, isso impactará a maneira com que pensamos sobre tudo o mais, inclusive a Criação e o que significa sermos criados à imagem de Deus, a vontade de Deus e o problema do mal, o pecado e a santidade, a salvação e a redenção, e como vivermos como filhos de Deus. Portanto, precisamos começar, colocando o fundamento da maneira de ser de Deus. Aí então, poderemos explorar o restante.

A maioria dos livros de Teologia Sistemática descreve a Deus usando termos como onisciente, onipresente, e onipotente. Essas palavras são úteis para nos darem um entendimento de que Deus é muito maior do que podemos compreender. Ele não é apenas um ser humano supergrande. Ele é outro ser completamente diferente. Ele está infinitamente além do nosso entendimento. Porém, essas palavras estão aquém de nos darem um quadro completo de quem Deus é. Frequentemente tentamos entender o nosso Pai Celestial baseados em Seus atributos, e, assim sendo, passamos tempo definindo e descrevendo as Suas ações, na esperança de que, pelo fato de fazermos isso, possamos chegar a conhecê-Lo. Mas Deus, o nosso Pai, é visto, sentido, e entendido num relacionamento íntimo e pessoal. Quando focamos o que Deus faz, podemos perder a essência de quem Ele é.

Quando digo "quem Deus é", estou falando sobre o Pai, o Filho, e o Espírito Santo. Não podemos separá-Los. O Pai, o Filho, e o Espírito Santo são três Pessoas, mas são um só Deus. É o que chamamos de Trindade.

A Trindade

Usamos o termo "Trindade" ao referirmo-nos a Deus, mas nem sempre entendemos o que significa ou porque é importante. A Trindade é um mistério. É um dos conceitos teológicos que estão além da nossa compreensão humana, mas ajuda-nos a entendermos que Deus, em Seu ser, é em primeiro lugar relacional. A doutrina da Trindade não é acidental à nossa fé. É essencial. Permita-me explicar o que quero dizer e porque é importante. Começaremos com algumas definições e em seguida faremos aplicações.

Muito embora a palavra "Trindade" não apareça na Bíblia como tal, há muitas passagens bíblicas que revelam o Pai, Filho, e Espírito Santo agindo conjuntamente para o bem de Sua Criação. Vamos explorar algumas delas:

> *"No princípio, Deus criou os céus e a terra. A terra era sem forma e vazia, e as trevas cobriam a face do abismo. E o Espírito de Deus estava pairando sobre a face das águas. E disse Deus: 'Que haja luz', e houve luz"* (Gn 1.1-3).

Observe a operação do Espírito nessa narrativa da Criação. Agora, combine-a com a descrição de João, em que ele se refere a Jesus como "a Palavra":[22]

> *"No princípio era a Palavra, e a Palavra estava com Deus, e a Palavra era Deus. Ele estava no princípio com*

> *Deus. Todas as coisas foram feitas através d'Ele, e, sem Ele, nada do que foi feito se fez"* (Jo 1.1-3).

Olhando para essas duas passagens conjuntamente, vemos que o Pai, Jesus, e Espírito Santo estiveram todos Eles envolvidos no ato da Criação. Agora olhe para a linguagem usada para se narrar a história da criação da humanidade:

> *"E aí então, Deus disse: '**Façamos** o homem à **nossa** imagem, conforme à **nossa** semelhança.'*
>
> *Assim sendo, Deus criou o homem à Sua própria imagem; à imagem de Deus o criou; macho e fêmea os criou"* (Gn 1.26,27).

A palavra traduzida como *Deus* é a palavra hebraica *èlohiym*, que é um plural intensivo com significado singular. [23] O versículo na língua original está transmitindo a ideia de que Deus é ao mesmo tempo um e muitos. Isso nos dá um vislumbre da maneira de ser relacional de Deus: os Três-em-Um só; o Único e os Muitos. Vemos o mistério da Trindade nas Escrituras desde o início.

Eu gostaria que você notasse algumas coisas. Primeiramente, observe Deus dizendo "à Nossa imagem" e "à Nossa semelhança". Vemos o Pai, Filho, e Espírito Santo operando conjuntamente. Em segundo lugar, observe que, quando Deus criou o "homem" à Sua imagem e semelhança, Ele o criou *tanto* macho como fêmea. Muito embora usemos o pronome masculino "Ele" para nos referirmos a Deus, a Bíblia descreve a Deus como que possuindo qualidades tanto masculinas como femininas. Não podemos atribuir um gênero específico a Deus. (Nesse sentido, é inapropriado usarmos "Ele" como pronome para Deus, mas a nossa língua é limitada, e, assim sendo, usamos as palavras disponíveis para transmitirmos ideias que excedem o nosso entendimento.) [24] O que vemos na Criação é que a união de macho e fêmea – unidade na diversidade – reflete a imagem e semelhança do nosso Criador.[25] Falaremos mais sobre isso no próximo capítulo.

> *"E, quando Jesus foi batizado, saiu imediatamente da água, e eis que os céus se abriram a Ele, e Ele viu o Espírito de Deus descendo como uma pomba e vindo para pairar sobre Ele. E eis que uma voz do céu disse: 'Este é o Meu Filho amado, em quem Me alegro muito'"* (Mt 3.16,17).

Essa foi a inauguração do ministério de Jesus. É fácil vermos o Pai, Filho [Jesus], e Espírito Santo operando conjuntamente. Podemos dizer que tudo o que Jesus fazia em Seu ministério terreno era iniciado pelo Pai e capacitado pelo Espírito Santo.

> *"Mas o Ajudador, o Espírito Santo, o qual o Pai enviará em Meu nome, Ele lhes ensinará todas as coisas e lhes trará à lembrança tudo o que Eu lhes disse"* (Jo 14.26).

Aqui ouvimos Jesus falando, e Ele nos diz que o Pai enviará o Espírito Santo em nome de Jesus para ser o nosso Consolador, Mestre e Guia.

> *"Como Deus ungiu a Jesus de Nazaré com o Espírito Santo e com poder. Ele andava fazendo o bem e curando todos os que eram oprimidos pelo diabo, pois Deus era com Ele"* (At 10.38).

Neste versículo, uma vez mais, vemos o Pai, Jesus, e o Espírito Santo operando juntos pelo bem da humanidade. O Pai não faz nada sem o Filho e o Espírito; o Filho não faz nada sem o Pai e o Espírito; e o Espírito não faz nada sem o Pai e o Filho. [26]

Como vemos através desses versículos, Deus é Três-em-Um; três Pessoas, mas somente uma essência; todas são eternas, plenamente iguais (como Deus), mas plenamente distintas. Assim sendo, podemos dizer que a Trindade é a comunidade criada pelo nosso Pai Celestial, Filho, e Espírito Santo. Um estudioso descreve a Trindade como um "mistério de conectividade pessoal". [27] Outro diz que a Trindade é uma "comunidade singular de Pessoas". [28] Contudo, outro estudioso diz que a Trindade é "uma comunhão de três Pessoas – *e não indivíduos* – em relacionamentos mutuamente constituintes de um com o outro." [29]

O que eu quero que você observe é que Deus não é algum ser isolado e solitário. Deus é a comunhão de três Pessoas. É um mistério. Não conseguimos entendê-lo plenamente com as nossas mentes finitas (e tudo bem com isso), mas precisamos saber que o Pai, Filho, e Espírito Santo já existiam eternamente num relacionamento de amor e de altruísmo mútuo.

A própria existência de Deus é o relacionamento. E essa é uma das coisas que torna o nosso Deus singular. Não há nenhuma outra religião no mundo que adore um Deus que seja três-em-um. Somente o nosso Deus é um Deus relacional, e é por isso que podemos conhecer, vivenciar e desejar o amor. Na verdade, o amor só pode existir porque o nosso Deus, que criou tudo, existe num relacionamento. A maneira de ser de Deus é a mais verdadeira definição de amor. João diz: *"Deus é amor"* (1 Jo 4.8). Deus não apenas tem uma emoção chamada de amor. O amor não é algo que Deus faz. É quem Ele é. Portanto, podemos dizer que o *amor* é uma maneira de ser para com outras pessoas. O amor não pode existir num indivíduo isolado; só pode existir num relacionamento dinâmico de pessoas. Portanto, o *amor*, em sua forma mais pura, é o relacionamento entre três Pessoas: Pai, Filho, e Espírito Santo. Pelo fato de que o amor é quem Deus é, tudo o que Ele faz é motivado pelo amor. Isso será significativo nos capítulos seguintes, à medida que explorarmos o que Deus faz.

Será que podemos prosseguir um pouco mais? Permitam-me compartilhar outros dois termos teológicos com vocês que nos ajudarão a vermos o relacionamento de Deus mais claramente: *ekstasis* e *perichoresis*.

Ekstasis

Devemos muito aos Pais da Igreja Primitiva que lutaram muito para entenderem a auto-revelação de Deus e nos deram os termos linguísticos para começarmos a entender. Não significa que algum dia entenderemos a Deus plenamente, mas, graças ao trabalho deles, podemos ter vislumbres de como é o amor de Deus.

Os Pais Capadócios (Basílio de Cesareia, Gregório de Nazianzo, e Gregório de Nissa) usavam o termo *ekstasis* para descreverem a maneira de ser de Deus. Essa palavra grega é formada por *"ek"*, que significa "fora", e *"stasis"*, que significa "maneira de ser". Pelo fato de usarem esse termo para descreverem a Deus, estavam dizendo que a maneira de ser de Deus é tal que está sempre "saindo" num transbordar de amor pessoal, comunitário, e altruísta. [30] Em outras palavras, o amor de Deus é tão grande que Ele não consegue mantê-lo para Si mesmo. Portanto, Ele está eternamente compartilhando esse amor de uma maneira pessoal.

O que vemos no Novo Testamento é que o Pai ama o Filho; o Filho ama o Pai; e o Espírito é uma manifestação do amor compartilhado entre o Pai e o Filho. O que Deus faz com esse amor? Ele não o guarda para Si mesmo. Ao invés, Deus dá. João 3.16 nos diz que *"Deus amou o mundo de tal maneira que deu o Seu Filho Unigênito."* Como o meu mentor, o Wess Pinkham, gosta de dizer, "quando Deus dá um presente, Ele o embrulha numa Pessoa. Ele não envia simplesmente uma mensagem. Ele envia uma Pessoa."

O quadro que vemos de Jesus, e nas Escrituras, é deste Deus relacional, amoroso, centrado nos outros, "que de fato está num relacionamento", o qual "não consegue guardar a Si mesmo para Si mesmo".

Estamos começando a ver como é o verdadeiro amor. Não é a emoção inconstante, vacilante, condicional, exigente, que busca os seus próprios interesses, que vemos retratada nos filmes e novelas românticas. Todas as nossas noções humanas de amor perdem a importância quando comparadas com a maneira de ser de Deus. Deus é a personificação, a única noção verdadeira do amor. Para que o entendamos um pouquinho mais, vamos analisar mais um termo que descreve a maneira de ser de Deus.

Perichoresis

Os teólogos da Igreja Primitiva usavam a palavra *perichoresis* para descreverem a maneira com que Jesus podia ser tanto Deus como um Ser Humano ao mesmo tempo – com um deles interpenetrando no outro sem que a integridade de um fosse prejudicada pelo outro. [31] Esse é mais um daqueles pensamentos impressionantes. Como Jesus pode ser plenamente Deus e plenamente Homem? Não conseguimos compreender isso, mas essa ideia nos dá algumas revelações com relação à maneira de ser relacional de Deus.

Essa palavra (*perichoresis*) também pode ser usada para retratar a vida compartilhada do Pai, Filho, e Espírito Santo. Ela fala sobre um mútuo habitar interior, ou uma interpenetração. Ela descreve como cada Pessoa da Trindade esvazia-Se na outra num contínuo ato de altruísmo. Alguns têm dito que Deus não é Deus independentemente da maneira com que o Pai, Filho, e Espírito eternamente dão aos outros e deles recebem o que essencialmente são. [32] Esse doar e recebimento dinâmico mútuo é a essência do amor. Você consegue imaginar como é isso? Qual é a qualidade de vida que o Pai, Filho, e Espírito Santo desfrutam?

Perichoresis é frequentemente explicada através da metáfora de uma dança em círculo em que o Pai, Filho, e Espírito Santo estão compartilhando o Seu amor numa mútua centralidade no outro e altruísmo, numa perfeita união e harmonia. [33] Fico imaginando uma dinâmica "dança em círculo" em que o Pai está contínua e infinitamente derramando o Seu amor em Jesus e no Espírito Santo, enquanto Jesus está derramando o Seu amor no Pai e no Espírito Santo, e o Espírito Santo também está continuando a amar o Pai e o Filho.

Nessa dinâmica, cada Pessoa vivencia uma abundância de amor, alegria, paz, apoio, e aceitação. Elas não têm falta de nada. São absolutamente plenas. Essa é a definição de vida abundante, de vida eterna. A vida como Deus a tem. E isso é o que Deus deseja para você e para mim. Ouça Jesus enquanto Ele ora por nós:

> *"Não peço por esses somente, mas também pelos que crerão em Mim através de sua palavra, para que todos eles sejam um, assim como Tu, Pai, és um em Mim, e Eu em Ti, para que também sejam um em Nós, para que o mundo creia que Me enviaste. A glória que Me deste Eu lhes dei, para que sejam um, assim como somos um, Eu neles, e Tu em Mim, para que se tornem perfeitamente um, para que o mundo saiba que enviaste-Me e os amaste, assim como Me amaste"* (Jo 17.20-23).

Jesus está dizendo que Ele quer que vivenciemos a unidade do relacionamento que o Deus Triuno vivencia em Si Mesmo. Deus quer que vivenciemos a vida da *perichoresis*. Participamos da *perichoresis* e vivenciamos a plenitude da nossa humanidade quando vivemos em relacionamentos plenos com Deus e de uns com os outros. Mas estou me adiantando agora. Falaremos sobre isso mais tarde.

Conclusão

Neste capítulo, dissemos que Deus existe eternamente num relacionamento de amor e de um mútuo altruísmo. É o que chamamos de Trindade. A Trindade é a comunidade criada pelo nosso Pai Celestial, o Filho Jesus, e o Espírito Santo. Deus é três Pessoas, mas uma só essência – todas eternas, plenamente iguais, mas totalmente distintas. A maneira de ser de Deus é *ekstasis*: sempre "saindo" num transbordamento de amor infinito, pessoal, comunitário, e altruísta. A qualidade de vida da Trindade é a *perichoresis*, a qual pode ser descrita como uma dança em círculo de amor compartilhado, uma mútua centralidade nos outros e altruísmo, perfeita hamonia, alegria, paz, apoio, e aceitação.

Se Deus é de fato relacional, como já vimos, então segue-se que tudo o que Deus faz é consistente com essa maneira de ser relacional. A Criação do Pai, a Sua vontade, a Sua missão, as Suas expectativas e desejos para você, os Seus mandamentos – tudo flui e sai do Seu amor. Exploraremos essas coisas nos capítulos subsequentes, começando com o Pai e a Criação.

Por enquanto, eu gostaria que você reconhecesse que Deus não é uma divindade irada e relutante, que precisa de apaziguamento – como muito frequentemente achamos que Ele é. Ao invés, convido-o a ver a Deus como quem ama zelosamente, que anseia em compartilhar quem Ele é com a Sua Criação. Talvez Ele não esteja tão interessado que você aprenda a observar certas regras, ou desenvolver um bom estilo de vida ético e moral, como Ele está interessado que você vivencie plenitude de vida.

Concluo com a letra desta canção. Você consegue ouvir o convite do Pai? Ele quer que você entre na dança!

Senhor da Dança
    Dancei de manhã quando o mundo foi criado
    Dancei sobre a Lua, e as estrelas e o Sol
    Desci do Céu e dancei sobre a terra
    Em Belém tive o meu nascimento.

Refrão:
Dancem, dancem onde quer que vocês estejam
Sou o Senhor da dança (disse Ele)
E dirigirei todos vocês onde quer que estejam
E dirigirei a todos vocês na dança (disse Ele).

Eu dancei para o escriba e o fariseu
Não quiseram dançar e não quiseram me seguir
Eu dancei para os pescadores: Tiago e João
Vieram comigo e a dança continuou.

Eu dancei no Sábado e curei o aleijado
Os santos disseram que era uma vergonha
Eles berraram e me desnudaram e me penduraram no alto
E me deixaram lá numa cruz para morrer.
Eu dancei na sexta-feira quando o céu ficou escuro
É difícil dançar com o diabo nas costas

Enterraram o meu corpo e acharam que eu havia morrido
Mas eu sou a vida e ainda continuo vivo.

Desceram-me, mas pulei para o alto
Eu sou a vida que nunca, jamais morrerá
Viverei em você se você quiser viver em mim
Pois sou o Senhor da dança (disse Ele).

Letra e Música de Sydney Carter
Direitos autorais 1963 Stainer & Bell Ltd. Londres, Inglaterra

Reflexão

Leia a oração de Jesus e pense no que Jesus está dizendo. Qual é a implicação dessa oração? O que Deus quer para você?

> *"Não peço por esses somente, mas também pelos que crerão em Mim através de sua palavra, para que todos eles sejam um, assim como Tu, Pai, és um em Mim, e Eu em Ti, para que também sejam um em Nós, para que o mundo creia que Me enviaste. A glória que Me deste Eu lhes dei, para que sejam um, assim como somos um, Eu neles, e Tu em Mim, para que se tornem perfeitamente um, para que o mundo saiba que enviaste-Me e os amaste, assim como Me amaste.*

> *Pai, desejo que eles também, os quais Me deste, estejam comigo onde estou, para verem a Minha glória que Me deste porque Me amaste antes da fundação do mundo. Ó Deus de retidão, muito embora o mundo não Te conheça, Eu Te conheço, e esses aqui sabem que Me enviaste. Eu lhes revelei o Teu nome, e continuarei a revelá-lo, para que o amor com que tens Me amado esteja neles, e Eu neles"* (Jo 17.20-26).

Converse com Deus e pergunte-Lhe o que Ele quer mostrar-lhe sobre Ele. Fique em silêncio por alguns momentos e ouça. Talvez você receba uma palavra, um quadro, uma visão, ou uma percepção geral como resposta.

Oração

"Pai, obrigado por revelar-Te a nós de maneiras tão pessoais assim. Obrigado pelas muitas maneiras com que nos mostras o Teu amor. Obrigado por enviar o Teu Filho, como a mais perfeita expressão do Teu amor por nós. Concede-nos, de acordo com as riquezas da Tua glória, que sejamos fortalecidos com poder através do Teu Espírito em nosso homem interior, para que Cristo possa habitar em nossos corações através da fé; e que nós, estando arraigados e estabelecidos em amor, possamos compreender a largura, e o comprimento, e a profundidade, e a altura do Teu amor. Ajuda-nos a conhecermos o amor de Cristo que excede o conhecimento, para que sejamos cheios de toda a Tua plenitude. Em nome de Jesus. Amém."

(veja Efésios 3.16-19)

Discussão em Grupo

Em João 17.20-23, Jesus expressa o Seu desejo de que sejamos um, assim como Ele e o Pai são um.

1. O que significa sermos "um", assim como Eles são um? Poderia ser mais do que simplesmente concordarmos uns com os outros? Seria possível que Deus quer que vivenciemos a vida da "*perichoresis*" (a plenitude relacional do Pai, Filho, e Espírito Santo)?

2. Como seriam a nossa família, igreja e/ou comunidade se vivêssemos como uma comunidade de pessoas que participam da *perichoresis*?

Há muitas passagens bíblicas que citam o diálogo dentro da Trindade. Se olharmos para o discurso final e oração de Jesus (João 13.31 – 17.26), receberemos um vislumbre do amor compartilhado entre o Pai, Filho, e Espírito Santo.

3. Você já pensou em como o Pai, Filho, e Espírito Santo Se relacionam um com o outro? Como seria o diálogo deles?

CAPÍTULO

3

O Pai e
a Criação

*Façamos o homem
à nossa imagem,
conforme à nossa
semelhança – Deus*

CAPÍTULO 3 - *O Pai e a Criação*

Ao escrever este capítulo, o Kerry e eu estamos passando uma semana num lindo chalé na Floresta Nacional de Ouachita (Estado de Oklahoma, EUA). Durante esse maravilhoso tempo de descanso, lazer e redação, estamos desfrutando da diversidade da Criação de Deus. Em apenas alguns curtos dias, já vimos corças, esquilos, coelhos, borboletas, uma raposa, uma tartaruga, e vários tipos de pássaros, inclusive um pica-pau, o qual, de acordo com o Guarda Florestal, é a única espécie de pica-pau que perfura o seu ninho em árvores vivas. (Eu não fazia ideia nenhuma de que havia mais de um tipo de pica-pau).

Na verdade, a Criação de Deus é tão diversa que há mais de 50 espécies de coelhos e aproximadamente 70 tipos de lobos. Há mais de 2.500 tipos de cobras documentados em todo o mundo (muito embora talvez haja muitos mais). Há mais de 25.000 espécies conhecidas de peixes, aproximadamente 28.000 diferentes espécies de borboletas, e muito mais de 375.000 diferentes tipos de plantas. E alguns ainda estão para serem descobertos. E isso é somente o nosso planeta! Poderíamos falar sobre o tamanho do Universo, as milhões de galáxias, com estrelas, planetas, cometas, meteoritos, e muito mais!

Quando pensamos em Deus como Criador, temos uma ideia geral do quão grande Ele é, mas com todo o nosso entendimento, ainda somos limitados, e geralmente temos a tendência de impormos as nossas limitações n'Ele. Quando dizemos que "nada é impossível para Deus", será que realmente cremos? Será que realmente entendemos quão grande Ele é? Será que conseguimos compreender a realidade de que Ele criou tudo isso simplesmente falando para que todas as coisas começassem a existir?

Isso me leva a fazer algumas perguntas. Primeiramente, por que Deus criou qualquer coisa para início de conversa? Em segundo lugar, o que Deus acha sobre a Sua Criação? E, em terceiro lugar, o que significa que fomos criados à imagem e semelhança de Deus?

O Pai Cria Por Amor

Por que Deus criou? Às vezes ouvimos que Deus nos criou para que O adorássemos. Quando fazemos isso, estamos projetando o nosso abatimento humano para Deus. Essa ideia retrata Deus como algum ser egoístico que precisa de adulação. Isso significaria que a Criação é um meio utilitário para que Deus satisfaça uma necessidade. Mas, como dissemos em nosso capítulo anterior, Deus é uma relacionalidade amorosa. No relacionamento do Pai, Filho, e Espírito Santo encontra-se uma plenitude de amor, alegria, paz, apoio, e aceitação. Deus não tem falta de nada. Em Sua relacionalidade, Deus é absolutamente pleno. Deus não cria por necessidade ou compulsão. Podemos dizer que, devido ao fato de que Deus é pleno em Si Mesmo, Ele cria como um ato livre – não porque necessite, mas porque Ele quer.[34] No entanto, ainda precisamos responder a pergunta do porque Deus desejaria criar.

Lembre-se que, de acordo com o nosso capítulo anterior, a maneira de ser de Deus é *ekstasis* – amor infinito, transbordante, abnegado, altruístico. O amor entre o Pai, Filho, e Espírito Santo é tal que Ele não consegue guardá-lo para Si Mesmo. Deus cria como um transbordamento do amor compartilhado entre a Trindade. Em outras palavras, o ato da Criação flui naturalmente da maneira de ser de Deus. Devido ao fato de que Deus é amor, Deus é altruísta. Devido ao fato de

CAPÍTULO 3 - *O Pai e a Criação*

que Deus é altruísta, Deus voluntariamente cria um Universo que Ele pode encher consigo mesmo e sobre o qual Ele pode derramar o Seu amor.[35]

Se Deus cria tudo por amor e para o amor, segue-se que Deus Se deleita em Sua Criação. Vamos olhar para a narrativa de Gênesis para vermos se esse é o caso.

O Pai Se Deleita em Sua Criação

Em Gênesis 1.1-31, lemos a narrativa da Criação. Vamos analisar brevemente os diferentes estágios, e eu gostaria que você notasse o que a Bíblia diz especificamente sobre tudo o que Deus cria. Isso nos dá uma ideia do que o Pai acha sobre o que criou.

> *"No princípio criou Deus os céus e a terra"* (Gn 1.1).

Esse foi o ponto de partida. Ele falou para que tudo viesse à existência. A essa altura, a terra era sem forma e vazia, e havia trevas.

> *"E disse Deus: 'Que haja luz', e houve luz. E Deus viu que a luz era boa"* (Gn 1.3,4).

Essa é a primeira vez em que vemos Deus refletindo sobre a Sua Criação. O que Deus achou da luz que Ele criou? Ele disse que era *boa*.

No segundo dia, Deus separou as águas, e, ao fazer isso, Ele criou uma expansão chamada de céu, terra e mares.

> *"Deus chamou a porção seca de terra, e as águas que foram reunidas Ele chamou de mares. E Deus viu que era bom"* (Gn 1.10).

O que Deus achou sobre a terra e os mares? Uma vez mais, Deus viu que eram *bons*. Aí então, no terceiro dia...

> *"A terra produziu vegetação, plantas que produziam sementes de acordo com as suas espécies, e árvores que produziam frutos em que se encontram a sua semente, com cada uma conforme a sua espécie. E Deus viu que era bom"* (Gn 1.12).

O que Deus achou da vegetação? Uma vez mais, Deus viu que era *boa*. Você está vendo uma tendência aqui? Vamos prosseguir. No quarto dia, Deus criou o Sol, a Lua e as estrelas.

> *"E Deus os colocou na expansão dos céus para darem luz sobre a terra, para governarem o dia e a noite, e para separarem a luz das trevas. E Deus viu que era bom"* (Gn 1.17,18).

Até agora vimos que Deus considerou que a luz, a terra e os mares, a vegetação, e os corpos celestes – tudo isso como sendo *bom*. No quinto dia, Deus criou os animais, começando pelas criaturas marinhas e os pássaros.

> *"Assim sendo, Deus criou as grandes criaturas marinhas e toda criatura viva que se move, com que as águas são abundantes, de acordo com as suas espécies, e todo pássaro alado, de acordo com a sua espécie. E Deus viu que era bom"* (Gn 1.21).

Ele falou que tudo isso era *bom*, mas não parou aí. Em seguida, Ele criou mais animais:

> *"E Deus fez as bestas-feras da terra conforme a sua espécie, e o gado conforme a sua espécie, e tudo o que se arrasta sobre o solo, conforme a sua espécie. E Deus viu que era bom"* (Gn 1.25).

Já vimos os primeiros cinco dias da Criação, e, até aqui, tudo o que Deus cria Ele declara que é *bom*. Você consegue imaginar o diálogo entre o Pai, Filho, e Espírito Santo enquanto estão refletindo sobre a Sua Criação? Eu consigo ouvir o Espírito Santo dizendo ao Pai: "A maneira com que Você simplesmente falou e as coisas passaram a existir foi fantástica!" Jesus diz ao Espírito Santo: "A forma com que Você pairou sobre as águas foi tremenda!" E o Pai diz a Jesus: "Eu não poderia tê-lo feito sem Você!" Ok. Talvez não tenha sido exatamente assim, mas você entendeu. Deus Se deleita em Sua Criação. Em todos os estágios da Criação, Deus está declarando que é *bom*.

Aí então chegamos ao sexto dia. É um dia significativo, e, assim sendo, analisaremos esse dia mais detalhadamente.

> *"Aí então, Deus disse: 'Façamos o homem à nossa imagem, conforme à nossa semelhança. E que tenham domínio sobre os peixes do mar e sobre os pássaros dos céus e sobre o gado e sobre toda a terra e sobre todos os répteis que se arrastam sobre a terra.'*
>
> *Assim sendo, Deus criou o homem à Sua própria semelhança, à imagem de Deus o criou; macho e fêmea os criou.*
>
> *E Deus os abençoou. E Deus disse-lhes: 'Sejam frutíferos e multipliquem-se e encham a terra e subjuguem-na, e tenham domínio sobre os peixes do mar e sobre os pássaros dos céus e sobre todas as criaturas vivas que se movem sobre a terra'"* (Gn 1.26-28).

Observe que Deus criou a humanidade – homem *e* mulher – com um propósito específico. Não somos nem uma criação acidental, nem uma reflexão posterior. Exploraremos isso em breve. Por enquanto, vamos terminar esta parte das Escrituras. Depois de criar a humanidade...

> *"... Deus viu tudo o que Ele havia feito, e eis que era muito bom. E houve tarde e houve manhã, o sexto dia"* (Gn 1.31).

Você notou a mudança aqui? Em todos os cinco primeiros dias da Criação, Deus disse que era *bom*. Mas, depois que Ele criou a humanidade, como sua parceira para dominar a Criação, Deus disse que era *muito bom*. A expressão hebraica é *towh maòd*, que significa "excessivamente, grandemente, até à abundância, bom, agradável, excelente, e valoroso." [36]

O que há na humanidade que eleva a Criação de *boa* para *excessivamente, grandemente, abundantemente boa*? Será que é o fato de que fomos feitos à imagem e semelhança de Deus? Deus nos criou diferentemente do restante da Criação, e nos deu características singulares. [37] Diferentemente de qualquer outra coisa que foi criada, somente os seres humanos têm em seu ser a marca impressa da própria maneira de ser de Deus.

Os seres humanos são os únicos seres criados que têm a capacidade de receberem o amor de Deus e de amá-Lo de volta. Fomos criados com um livre arbítrio, e, assim sendo, podemos compartilhar do Seu amor, mas não somos obrigados a fazê-lo. Somos os únicos seres criados que têm a capacidade de criar, a capacidade de pensamento abstrato e de invenção; a capacidade para a fé; a habilidade de apreciar a beleza e criar música e arte. Deus nos criou à Sua imagem e semelhança com o expresso desejo de que compartilhássemos com Ele os cuidados com a Sua Criação. Deus quer sejamos Seus parceiros!

Para mim isso é impressionante! O nosso Pai, que criou o Universo, falando para trazê-lo à existência, escolheu que nós – seres finitos, falíveis, limitados – fôssemos Seus parceiros! Como afinal de contas poderíamos contribuir com o plano de Deus? Não com muitas coisas. Mas Ele Se deleita em compartilhar toda a Criação conosco, porque é assim que Ele é. Deus é amor, e, assim sendo, Ele cria por amor, através do amor, e para o amor.

Pense em quando você cria algo. É muito fácil entregá-lo a outra pessoa para que ela cuide dele? Pense em mães com os seus bebês e quanto tempo leva antes que o bebê possa passar a noite em algum outro lugar. Pense em crianças com as suas "obras-primas" e quão protetoras delas elas são. Pense em quão protetores que temos a tendência de sermos com as coisas que "criamos" – as nossas próprias "obras-primas". Queremos protegê-las dos que poderiam destruí-las. Somos controladores, mas Deus não é. O Seu amor é tal que Ele Se deleita em dar e compartilhar – até mesmo se for arriscado, como veremos no próximo capítulo.

Olhando para a história da Criação de Gênesis, estabelecemos que Deus Se deleita em Sua Criação. Está de acordo com a Sua maneira de ser o criar por amor, e deleitar-Se no que Ele criou. Isso inclui você!

O Pai Se Deleita em Você

O Pai ama você porque Ele o criou. Pense no restante da Criação. As estrelas e as luas, as plantas e os animais não têm que fazer nada para merecerem o amor de Deus. Só precisam existir.

Estávamos numa caminhada no Grand Canyon alguns meses atrás, admirando a majestosa paisagem – formações rochosas tão grandiosas que o seu tamanho não pode ser compreendido. E aí então a vi – uma florzinha branca, saindo e crescendo de uma rocha, escondida sob um arbusto. Fiquei me perguntando quantos visitantes passaram por ela sem sequer notá-la. Ela não estava clamando por atenção. Não poderia começar a comparar-se com a grandeza dos seus arredores. Mas fiquei profundamente ciente de que Deus a notou, e senti o Seu deleite por aquela florzinha – porque Ele a criou, e porque ela estava simplesmente vivenciando o seu desígnio.

Na vida terrena de Jesus, vemos como o Pai Se sente com relação aos Seus filhos. Em Mateus 3, vemos a história do batismo de Jesus.

> *"E, quando Jesus foi batizado, imediatamente subiu da água, e eis que os céus se abriram a Ele, e Ele viu o Espírito de Deus descendo como uma pomba e vindo para pousar sobre Ele; e eis que uma voz do céu disse: 'Este é o Meu Filho amado, com quem Me alegro muito"* (Mt 3.16,17).

Essa voz não foi de outro, a não ser do Pai, contemplando o Seu Filho e expressando o Seu deleite. Observe que, a essa altura, Jesus não havia pregado um único sermão. Ele não havia curado ninguém, não havia expulsado nenhum demônio, nem feito nenhum milagre. Contudo, o Pai declara que estava muito satisfeito com Jesus. Não se baseava no desempenho, e sim no relacionamento. Esse é o coração do *Abba* para com os Seus filhos – e isso inclui você!

O amor do Pai por você não se baseia em seu desempenho. Ele não está comparando você com outras pessoas nem medindo você com base em suas realizações. Ele nem mesmo está pesando a sua resposta ao amor d'Ele. Ele ama você. Ponto final. Na verdade, dizer que o *Abba* ama você é uma atenuação. Ele Se deleita em você. O *Abba* ama tudo com relação a você. Ele foi muito cuidadoso ao formá-lo e tinha grandes coisas em mente para você desde o início da sua existência. Você consegue ouvir o Pai dizendo: "Este é o Meu filho amado (ou a Minha filha amada), com quem estou muito satisfeito"? Ele está satisfeito porque Ele criou você; e Ele está satisfeito com a singularidade de quem você é.

Há muitas coisas com relação a você que o tornam singular. Muitas delas são coisas que você não escolheu e que você não consegue mudar – como a sua família de origem, gênero, tempo e lugar na história, língua e cultura, ou características de personalidade. Contudo, essas coisas podem ser vistas como o "selo de posse" de Deus sobre você. Às vezes, ressentimo-nos com relação à maneira com que Deus nos criou e passamos as nossas vidas comparando-nos com outras pessoas e desejando que fôssemos diferentes. Mas quero que você veja que Deus o criou singularmente, com um propósito em mente. Olhe como Davi expressa isso.

> *"Porque Tu formaste as minhas partes internas; entreteceste-me no útero de minha mãe. Eu Te louvo, pois fui temível e maravilhosamente feito. Maravilhosas são as Tuas obras; a minha alma o sabe muito bem. O meu corpo não foi escondido de Ti, quando eu estava sendo feito em segredo, intrincadamente entretecido nas profundezas da terra. Os Teus olhos viram a minha substância ainda informe; em Teu livro foram escritas todas essas coisas, os dias que foram formados para mim, quando ainda não havia nenhuma delas"* (Sl 139.13-16).

Quando o Pai o criou, Ele olhou para você e disse: *"Muito bom."* Na verdade, até mesmo agora, Ele olha para você e diz: *"Muito bom."*

CAPÍTULO 3 - *O Pai e a Criação*

Agora, talvez você olhe para a sua vida e diga que ela não tem sido nada boa. É possível que haja características específicas do seu corpo ou personalidade que você não aprecia. É possível que você tenha tido experiências traumáticas, e você estaria certo em dizer que a sua vida não tem sido boa. Não significa que Deus goste de tudo o que está acontecendo em sua vida (abordaremos isso mais tarde), mas que Ele vê as digitais d'Ele em sua vida e vê o potencial que Ele colocou em você. Ele vê os sonhos que ainda não se cumpriram. Ele vê o que destinou que você fosse – o que Ele deseja para você. E Ele diz que é *muito bom*. E o *Abba* chama você a Ele Mesmo para que Ele possa cumprir em você os próprios planos que Ele tinha em mente quando o criou.

Se há uma coisa que eu quero que você se lembre com relação a isso é que você não fez nada para merecer o amor de Deus; e, portanto, não há nada que você possa fazer para impedi-Lo de amar você. Ele só quer que você seja você mesmo, e que você saiba o quanto Ele ama a pessoa singular que você é.

Antes de concluirmos este capítulo, há mais um aspecto do Pai e da Criação que preciso relembrar porque é fundamental para o restante do nosso estudo. Tem a ver com o fato de que fomos criados à imagem de Deus.

Fomos Criados à Imagem de Deus

No capítulo anterior, vimos que Deus é Três-em-Um: três Pessoas, mas uma só essência, com todas elas sendo eternas, plenamente iguais (como Deus), porém plenamente distintas. Também dissemos que Deus tem o Seu ser num relacionamento. Deus é quem Ele é em virtude do relacionamento – o relacionamento de amor entre o Pai, Filho, e Espírito Santo. Nesse capítulo, olhamos a narrativa de Gênesis e vimos que, quando Deus criou a humanidade, Ele disse: *"Façamos o homem à Nossa imagem, conforme à Nossa semelhança."*

Imago Dei é a expressão em latim correspondente a "Imagem de Deus". É usada para se descrever a maneira com que os seres humanos são criados à semelhança de Deus e refletem o Seu ser. Ao que isso se parece? Anteriormente descrevemos como os seres humanos são diferentes do restante da Criação em nosso livre arbítrio, a nossa capacidade para o amor, criatividade, imaginação, pensamento abstrato, e fé. Porém, mais significativamente ainda, é que fomos feitos – à imagem de Deus – como seres relacionais. Se a maneira de ser de Deus é no relacionamento, segue-se que fomos feitos para o relacionamento também, tornando impossível concebermos os seres humanos como entidades isoladas e individuais.

Por que precisamos relembrar isso? Tenho certeza que não é surpreendente para você ouvir que vivemos numa cultura individualista. [38] Alguns slogans comuns da nossa cultura nos ensinam: "Sempre pense no que é melhor para você mesmo."; "Nunca se esqueça que só os peixes mortos nadam na direção da correnteza."; ou "Tome o tempo para simplificar a *você* mesmo e deixar a *sua* vida melhor." Somos bombardeados com noções de nos virarmos por nós mesmos, de sermos diferentes da multidão, e de focarmos em nós mesmos. Na verdade, a maior seção de livros de uma livraria talvez seja a seção de *autoajuda*.

Numa monografia de 1984 intitulada "Os Valores pelos quais os Americanos Vivem", L. Robert Kohls descreve os 13 maiores valores americanos. Não surpreendentemente, o primeiro é o individualismo. Pelo fato de valorizarmos o individualismo, também valorizamos a privacidade. Será que você ficaria surpreso em saber que a palavra "privacidade" sequer existe em muitas línguas? Se existir, é provável que tenha uma conotação fortemente negativa, sugerindo solidão ou isolamento do grupo. Mas, para a maioria de nós, o individualismo encontra-se tão arraigado que temos a tendência de acharmos que somos apenas ligeiramente influenciados pela família, igreja, escolas, ou qualquer outro grupo. Se e quando nos unimos a um grupo, temos a tendência de acharmos que somos só um pouco diferentes, só um pouco singulares, só um pouco especiais de outros membros do mesmo grupo. Temos a tendência de sairmos dos grupos tão facilmente quanto entramos neles. Somente vemos o valor do grupo "se houver algum ganho para nós." [39]

De onde vem isso? A maior parte do pensamento ocidental deriva-se de um conceito estoico de Deus como doador da lei natural que eleva o lugar da razão no conceito de personalidade, levando a um falso conceito de personalidade como individualidade. Boécio (aproximadamente 480-525 d.C.) afirmou: *"persona est individua substantia rationabilis naturae"* ("uma pessoa é uma substância individual de uma natureza racional"). Observe que não há nenhuma menção de relacionalidade nessa definição. Ao invés, elevamos a razão como fator determinante do que significa sermos uma pessoa. Na verdade, de acordo com os estoicos, uma pessoa virtuosa é autossuficiente e feliz. O estoicismo vem da filosofia grega. [40] É a maneira de pensar grega. Você se lembra do que aprendemos sobre a influência grega em nossa cultura no primeiro capítulo? Vemos que a ideia do individualismo vem de um conceito de Deus que é contrário à relacionalidade amorosa do Pai, Filho, e Espírito Santo.

Em seguida veio o Iluminismo, o qual deu a primazia à razão. Assim sendo, acabamos ficando com uma tradição que iguala o conceito de "pessoa" com "indivíduo", focando primariamente a razão. Achamos que, se ao menos tivéssemos mais informações, informações melhores, tomaríamos decisões melhores e o nosso mundo seria um lugar melhor. Mas somos inundados com informações, e os nossos relacionamentos pioram por causa disso. Uma vez mais, tudo isso é contrário à maneira de ser de Deus, como vimos no capítulo anterior.

Como resultado dessas noções ocidentais, a *Imago Dei* tem sido entendida individualisticamente. Talvez reconheçamos a necessidade de um relacionamento vertical (seres humanos e Deus), mas geralmente descontamos a necessidade de relacionamentos horizontais (de uns com os outros). [41] Já que Deus é um Ser relacional, segue-se então que não podemos conceber uma pessoa como sendo um indivíduo. Somente somos plenamente pessoas quando estamos em plenos relacionamentos, tanto com Deus como também com os seres humanos e nossos semelhantes.

A humanidade desfruta de plena personalidade somente no contexto de relacionamentos. Isso significa dizermos que uma personalidade é entendida como pleno reflexo da maneira de ser de Deus, como um Ser-num-relacionamento, pleno no contexto de uma amorosa relacionalidade. Significa que é impossível que uma pessoa viva plenamente como um indivíduo isolado. É impossível que haja algo semelhante a uma pessoa individual. Você não pode ser totalmente você sem outras pessoas. A sua personalidade é estabelecida num relacionamento com outros, e não no "eu", e sim no "você e eu".

Voltemos à narrativa de Gênesis. Na narrativa da Criação, vemos que as pessoas estão intrinsecamente relacionadas, não somente com Deus, mas também umas com as outras. Observe que, quando Deus criou a humanidade, à Sua imagem, Ele criou tanto macho quanto fêmea. O homem – sozinho – não foi feito à imagem de Deus. Tampouco a mulher. Quando Deus criou Adão, Ele disse que *não era bom* que o homem estivesse só. Na verdade, esta é a única parte do processo da Criação em que Deus disse "não é bom." Adão não estava completo sem um ser correlativo com o qual pudesse compartilhar a vida. Nesse sentido, Adão tornou-se verdadeiramente humano ao cumprimentar e aceitar Eva – como um ser humano igual, porém distinto. Até mesmo agora, o mais perfeito reflexo da maneira de ser de Deus é quando o homem e a mulher voluntariamente se unem em amor para servirem um ao outro e compartilharem a vida. Isso é expresso plenamente no casamento (pelo menos, deveria ser), mas não é exclusivo ao casamento. O mesmo pode ser visto em relacionamentos com os membros da nossa família, ou entre amigos. O ponto aqui é que refletimos a *Imago Dei* nos relacionamentos de uns com os outros, especialmente nos relacionamentos de diferenciação complementar. Em outras palavras, para sermos pessoas, no mais pleno sentido da palavra, precisamos de outros que sejam diferentes de nós. [42]

Quando vivemos em plenitude de relacionamentos, vivenciamos uma plena personalidade – verdadeiramente sendo quem Deus nos criou para que fôssemos. A nossa significância vem quando vemos que outros precisam de quem somos e do que temos para dar. E precisamos de outros que são dotados em áreas em que somos carentes. Quando voluntariamente damos e recebemos mutuamente, estamos completos.[43] Permitam-me dar-lhes alguns exemplos:

A minha amiga Erin é uma anfitriã fantástica. Ela ama fazer decorações, preparar comidas, e criar um ambiente acolhedor. Foi assim que Deus a planejou. E eu tenho sido uma grata beneficiária do seu dom (especialmente porque é um dom em que tenho carência). Mas *ela não pode ser quem ela é num isolamento*. A plenitude do seu ser é expressa quando ela tem outras pessoas com quem pode compartilhar os seus dons.

O meu amigo Maurício é um pintor. Ele cria algumas obras de arte maravilhosas. Ele fica reavivado quando tem a oportunidade de compartilhar as suas pinturas com outros, quando fala sobre elas, e quando descreve as razões pelas quais ele usou certas cores ou formas. *Ele não pode ser quem ele foi planejado para ser num isolamento*. A plenitude do seu ser é expressa quando ele tem outras pessoas com quem pode compartilhar os seus dons.

A minha amiga Johana é compositora. Ela ama tocar piano ou violão, mas ama principalmente compor canções. Gostamos muito quando ela vem à nossa casa e pede emprestado o violão do Kerry. Sabemos que estamos prestes a recebermos uma agradável surpresa. Quando ela canta uma de suas novas canções, ela brilha. Ela precisa de outras pessoas que recebam o dom que ela tem para oferecer. E somos felizes beneficiários do seu dom. Mas *ela não pode ser quem ela é num isolamento*. A plenitude do seu ser é expressa quando ela tem outras pessoas com as quais ela pode compartilhar os seus dons.

Assim sendo, podemos dizer que, no plano de Deus para a humanidade, não somente temos um relacionamento com Deus, mas também de uns com os outros. A personalidade humana é aperfeiçoada em conhecermos e sermos conhecidos. Paulo diz:

> *"Aí então conhecerei plenamente, assim como tenho sido plenamente conhecido"* (1 Co 13.12).

Pelo fato de que fomos criados à imagem de Deus, fomos feitos para vivermos em relacionamentos, para descobrirmos a nossa significância em relacionamentos. Desfrutamos da plenitude de vida em relacionamentos plenos com outras pessoas, diferentes de nós, que nos complementam. Veremos mais tarde que todos os mandamentos de Deus têm a ver com relacionamentos plenos.

Conclusão

Neste capítulo, dissemos que Deus não cria por necessidade ou compulsão, não porque Ele precise, mas porque Ele quer. Uma vez que a maneira de ser de Deus é *ekstasis* – amor transbordante, altruístico – Deus não consegue guardá-lo para Si Mesmo. Assim sendo, o ato da Criação naturalmente flui da transbordante e amorosa maneira de ser de Deus. Olhando para a narrativa de Gênesis, estabelecemos que Deus Se deleita em Sua Criação, especialmente na criação da humanidade – macho e fêmea – feita em Sua imagem e semelhança, criada com o propósito de relacionamento e parceria.

Também dissemos que Deus Se deleita em quem você é, simplesmente porque você é d'Ele. Você não fez nada para merecer o amor de Deus. Portanto, não há nada que você possa fazer para impedir que o Pai, Filho, e Espírito Santo amem você. Finalmente, dissemos que os seres humanos, criados na *Imago Dei*, são relacionais por natureza. Contrariamente ao que a nossa cultura individualista promova, a humanidade desfruta de plena personalidade somente no contexto dos relacionamentos. A nossa significância vem quando vemos que as outras pessoas precisam de quem somos e do que temos para dar.

Um pensamento final: Pelo fato de que somos feitos à imagem de Deus, à medida que conhecemos uns aos outros melhor, conhecemos Deus melhor. Você já teve a experiência de conhecer alguém até certo ponto – e aí então conhecer os seus filhos, ou os seus pais, ou os seus irmãos... e aí então você diz: "Ah, agora sei porque você faz isso ou aquilo!"? Passamos a conhecer as pessoas melhor à medida que passamos a conhecer as pessoas com as quais elas têm um relacionamento. É a mesma coisa com Deus. À medida que conhecemos a Deus, passamos a conhecer a nós mesmos e passamos a conhecer uns aos outros melhor. E, à medida que conhecemos uns aos outros, conhecemos a Deus melhor.

Reflexão

Você já considerou que, quando Deus o criou, Ele declarou que você é *muito bom*? Essa é a sua experiência? Você sabe o quanto Deus o ama? Você sente o deleite de Deus em quem você é?

Peça que o Pai lhe mostre coisas específicas sobre você com as quais Ele Se deleita. Você pode fazer-Lhe perguntas, como:

- Pai, quando estavas me formando no útero de minha mãe, quais sonhos Tu tinhas por mim?
- Pai, o que há com relação a mim que coloca um sorriso em Teu rosto?
- Pai, quando olhas para a minha vida, quais são algumas coisas das quais Te orgulhas?
- Pai, o que há com relação a mim que me torna singular e especial?
- Pai, quais dons puseste em mim para que eu os compartilhe com as pessoas ao meu redor?

Talvez você também queira conversar com Ele sobre algumas maneiras de aceitar a si mesmo mais plenamente:

- Pai, será que há algumas características minhas que eu tenho rejeitado?
- Pai, será que há algo que queres dizer-me sobre mim pelo qual não tenho Te agradecido?

Eu gostaria de encorajá-lo a passar algum tempo para registrar o que você ouvir o Pai falando com você. Nos anos vindouros, você poderá ler isso e receber o Seu amor e apoio novamente.

Oração

"Pai, obrigado por criar-me tão cuidadosamente assim. Reconheço e celebro a forma como Tu me entreteceste no útero de minha mãe. Eu Te louvo porque fui

temerosa e maravilhosamente criado. Pelo fato de eu ser obra Tua, sei que sou maravilhoso. Mostra-me se há algum aspecto de quem sou do qual eu tenha me ressentido. Perdoa-me por rejeitar a maneira com que me criaste e ajuda-me a ver a mim mesmo através dos Teus olhos, para que eu saiba como apreciar tudo com relação à maneira com que me fizeste. Ensina-me como viver na plenitude dos planos que Tu tinhas para mim enquanto estavas me formando. Coloco-me de acordo contigo sobre quem sou, e recebo o Teu amor e aceitação. Em nome de Jesus. Amém!" (Salmos 139.13,14).

Discussão em Grupo

1. Pense no vasto número de criaturas do nosso planeta: 50 tipos de coelhos, 70 tipos de lobos, 2.500 tipos de cobras, 25.000 tipos de peixes, ou 28.000 tipos de borboletas. O que isso nos diz sobre Deus?

2. O que isso diz com relação a nós quando Deus nos criou com o expresso propósito de que nos uníssemos a Ele para tomarmos conta de tudo o que Ele criou? Como você acha que temos nos saído nessa parceria? Quais são algumas maneiras específicas com que poderíamos cuidar melhor da Criação de Deus?

3. Como o individualismo nos atrapalha de vivenciarmos a plenitude de vida que o Pai deseja para nós? O que você pode fazer, especificamente, para cultivar relacionamentos mais significativos?

CAPÍTULO

A Vontade do Pai

*Não faço nada
por Mim Mesmo.
Somente faço
o que vejo o
Meu Pai fazendo,
porque tudo o
que o Meu Pai faz,
também faço
– Jesus*

CAPÍTULO 4 - A Vontade do Pai

No capítulo anterior, vimos que, em todos os estágios da Criação, Deus disse que é *"bom"*, *"bom"*, e, finalmente, com a criação da humanidade – a parceira de Deus – é *"muito bom"*. Mas, se dermos uma olhada mais de perto, poderíamos dizer que muitas das coisas que acontecem em nosso planeta "não são boas".

Em 1980, uma grande erupção vulcânica ocorreu no Monte St. Helens, no Estado de Washington. Em 1985, milhares de pessoas morreram em deslizamentos de terra relacionados a um evento vulcânico na Colômbia. Em 2004, mais de 200.000 pessoas morreram no terremoto e tsunami no Oceano Índico. O furacão Katrina inundou a cidade de Nova Orleans em 2005. O Haiti foi destruído por um terremoto em 2010. O Afeganistão sofreu avalanches devastadoras em 2015. Esses são apenas alguns dos milhares de desastres naturais que têm afligido o nosso planeta em toda a história registrada. Quando ouvimos sobre desastres assim, como podemos dizer que a Criação de Deus é *"muito boa"*?

A mesma coisa pode ser dita com relação às nossas vidas pessoais. São abundantes os exemplos de assassinatos, estupros, abusos, acidentes, e mortes. Vemos que na história humana, guerras, pobreza, extorsões, escravidões, e explorações são abundantes. Como podemos dizer que isso é *"muito bom"*? Quando Deus o criou, Ele disse *"muito bom"*. Mas talvez a sua vida tenha sido qualquer coisa menos isso. Como explicamos esse conflito?

Sei por experiência própria as muitas perguntas que vêm à mente quando enfrentamos perdas inexplicáveis. Quando eu tinha 17 anos de idade, o meu primo de 15 anos morreu subitamente. Oito meses mais tarde, o seu pai morreu. O primeiro bebê da minha irmã nasceu com uma terrível insuficiência cardíaca. Ele morreu 17 dias mais tarde. Em 2002, em nosso décimo mês de casamento, o meu marido Hannibal foi diagnosticado com um câncer de próstata inoperável, incurável e terminal. Ele morreu 5 anos mais tarde. Eu poderia prosseguir. Mas o ponto é que sei muito bem o que é lutar com a pergunta "O que aconteceu?"? É isso o que Deus queria? Nesse caso, por quê? E, se não for, por que aconteceu? Onde Deus estava? Por que Ele não fez algo a respeito?

Antes de entrarmos nisso, preciso admitir que estou escrevendo este capítulo com um certo receio. Muitos estudiosos, com um insight muito melhor do que o meu, têm discutido a questão da vontade de Deus detalhadamente.[44] A tentativa de abordar tudo isso num só capítulo está além do escopo deste livro. Contudo, estou ciente de que precisa ser abordada, porque muitas das nossas visões distorcidas do Pai resultam da tentativa de darmos explicações para as coisas ruins que acontecem ao nosso redor. Assim sendo, estou escrevendo sobre a vontade do Pai, não como um estudo completo. Sei por experiência própria que há um elemento de mistério na operação de Deus na terra, através da parceria humana, para produzir os Seus propósitos.

O nosso entendimento humano finito exige respostas para os problemas complexos. Posso ver o Pai sorrindo para nós, amorosamente dizendo: "Algumas coisas simplesmente estão além da sua compreensão." Talvez seja como termos um astrofísico explicando a ciência de foguetes a uma criança de 2 anos de idade. E provavelmente é muito pior do que isso! Como nós, seres finitos, podemos compreender como Deus recebe as bilhões de decisões que nós, seres humanos de livre arbítrio, tomamos a cada segundo, e ainda assim, de alguma forma, executa o Seu plano? Não sei. Mas, o que realmente sei é que Jesus diz:

> *"Todo aquele que vê a Mim, vê o Pai"* (Jo 14.9).

Assim sendo, faz um pouco de sentido aqui, em que, olhando para Jesus, podemos supor o que é (e o que não é) a vontade de Deus. O próprio Jesus nos diz que o Pai é bom:

> *"Se vocês então, que são maus, sabem como dar boas dádivas aos seus filhos, quanto mais o seu Pai que está no Céu dará coisas boas aos que Lhe pedirem!"* (Mt 7.11).

Com base na própria declaração de Jesus, estou escrevendo com a convicção articulada por Brennan Manning de que "o *Abba* não é nosso inimigo. Se achamos isso, estamos equivocados. O *Abba* não prefere nem promove o sofrimento e a dor. Se achamos isso, estamos equivocados. O *Abba* não tem a intenção de nos provar e de nos tentar e de nos testar. Se achamos isso, estamos equivocados. Jesus traz boas novas com relação ao Pai, e não más notícias." [45]

Primeiramente, vamos explorar a vontade do Pai, olhando para Jesus e o que Ele revela. Aí então discutiremos como podemos fazer uma parceria com Deus na realização da Sua vontade.

O Que Aconteceu com a Boa Criação de Deus?

Com já vimos, vivemos num mundo em que coisas ruins acontecem. Quando Deus criou tudo, Ele o criou *"muito bom"*. Mas agora, algo aconteceu; e queremos saber a causa. Sempre que vemos destruição – tanto nos níveis macro como micro – pessoas bem intencionadas tentam nos consolar, dizendo: "Deus está no controle." Há uma certa verdade nisso, mas geralmente ela é declarada com um dar de ombros, insinuando que Deus a causou. Mas, se Ele a causou, é por uma razão muito boa. E isso deveria ser um pensamento consolador. Isso me incomoda. Simplesmente não faz sentido que o próprio Deus esteja destruindo a Sua própria Criação.

Imagine um artista humano levando meses para terminar a sua obra-prima. No dia da sua revelação, é amplamente elogiada. Ele fica orgulhoso. Ele diz que é "muito boa". Fica satisfeito com o seu trabalho. Aí então ele pega uma faca e começa a retalhá-la, incendeia-na, e derrama água sobre ela. Em seguida ele se recosta com um sorriso irônico em seu rosto. Diríamos que ele ficou louco! Contudo, aceitamos a mesma coisa com relação a Deus sem questionarmos. A nossa teologia está distorcida.

De onde obtemos esse tipo de noções? Talvez as obtenhamos de Jó, que disse:

> *"O Senhor o deu, e o Senhor o tomou; bendito seja o nome do Senhor"* (Jó 1.21).

E, mais tarde, ele pergunta:

> *"Será que receberemos o bem de Deus e não receberemos o mal?"* (Jó 2.10).

CAPÍTULO 4 - *A Vontade do Pai*

É verdade que Jó disse essas coisas. Ele estava lutando, como nós lutamos, tentando entender o que estava acontecendo com ele. Em seu entendimento de Deus muito limitado, ele atribuía tudo – bom ou ruim – a Deus.[46] Porém, mais tarde na história, ouvimos o próprio Deus falando. Deus pergunta a Jó:

> *"Quem é esse que obscurece o conselho através de palavras sem conhecimento?"* (Jó 38.2).

E, uma vez mais, o chama para prestar contas, perguntando:

> *"Você até mesmo Me incriminará? Você Me condenará, para que você seja justificado?"* (Jó 40.8).

Observe que Deus está corrigindo a teologia de Jó. Jó aceita essa correção e finalmente admite:

> *"Portanto proferi o que eu não entendia, coisas maravilhosas demais para mim, que eu não compreendia"* (Jó 42.3).

Se quisermos obter a nossa teologia de Jó, vamos fazê-lo a partir do final do livro, reconhecendo que há coisas além do nosso entendimento. Mas, como dissemos anteriormente, é muito melhor obtermos a nossa teologia de Jesus. Lembre-se: Jesus é a teologia perfeita!

Observe algumas coisas que aprendemos com Jesus. Em primeiro lugar, Ele nos ensina a orarmos:

> *"Nosso Pai Celestial:*
> *santificado seja o Teu nome.*
> *Venha o Teu Reino;*
> *seja feita a Tua vontade,*
> *assim na terra como no Céu"* (Mt 6.9,10).

Isso exige a pergunta: "Se tudo o que acontece é a vontade de Deus, então por que precisamos orar para que a vontade d'Ele seja feita?" Jesus não está nos ensinando a fazermos uma oração sem sentido. Ao invés, Ele está nos ensinando a cooperarmos com o Pai. No Céu, a vontade de Deus é feita perfeitamente. Portanto, no Céu, não há nem enfermidade nem dor, nem choro nem sofrimento. Onde a vontade de Deus é feita, o resultado é sempre bom, mas, na terra, é uma história diferente. Nem tudo o que acontece é a vontade de Deus. Portanto, somos instruídos a orarmos para que seja assim. Analisaremos isso mais tarde neste capítulo. Por enquanto, vejamos o que mais podemos aprender com o ministério de Jesus.

Em segundo lugar, quando Tiago e João, os "filhos do trovão", perguntaram a Jesus se poderiam trazer fogo do céu e consumir os samaritanos que O rejeitaram, como Jesus respondeu?

> *"Jesus voltou-Se e os repreendeu. E Ele disse:*
> *'Vocês não sabem de que tipo de espírito vocês são,*
> *pois O Filho do Homem veio, não para destruir as*
> *vidas das pessoas, mas para salvá-las'"* (Lc 9.55,56).

CAPÍTULO 4 - *A Vontade do Pai*

Os discípulos achavam que poderiam usar o poder de Jesus para destruírem, mas Jesus disse que o Seu poder só é usado para restaurar. Jesus nega o Seu poder para a destruição, correção, disciplina, ou punição. O que vemos em Seu ministério é que Ele só o usava para restauração. Se Jesus diz que, quando O vemos, vemos o Pai, será que é consistente acharmos que Deus até mesmo agora use o Seu poder de qualquer forma diferente disso?

Em terceiro lugar, quando a questão é destruição, Jesus nos dá uma compreensão do que está acontecendo nos bastidores, no mundo espiritual:

> *"O ladrão só vem para roubar e matar e destruir.*
> *Eu vim para que tivessem vida, e a tivessem mais*
> *abundantemente"* (Jo 10.10).

Observe o contraste. Jesus diz que sempre que vemos roubos, mortes, e destruição, não são Suas ações. Há um inimigo, mas não é Jesus. Na verdade, Lucas nos diz que a missão de Jesus era o oposto:

> *"Como Deus ungiu a Jesus de Nazaré com o Espírito*
> *Santo e com poder. Ele andava fazendo o bem e*
> *curando a todos os que eram oprimidos pelo diabo,*
> *pois Deus era com Ele"* (At 10.38).

Jesus andava fazendo o bem porque o Pai era com Ele. O Seu ministério encontra-se em oposição às obras do diabo. Pedro reforça essa ideia ao escrever para consolar a Igreja que estava sofrendo severas perseguições. Observe que Pedro descreve claramente o que está acontecendo e quem faz o quê:

> *"Sejam sóbrios; sejam vigilantes. O seu adversário, o diabo, fica rondando como um leão que ruge, buscando alguém para devorar. Resistam-no, firmes em sua fé, sabendo que os mesmos tipos de sofrimentos estão sendo vivenciados pela sua irmandade em todo o mundo. E, depois que vocês sofrerem por um pouco de tempo, o Deus de toda graça, o qual os chamou à Sua eterna glória em Cristo, Ele mesmo os restaurará, os confirmará, os fortalecerá, e os estabelecerá"* (1 Pe 5.8-10).

Quem é o inimigo? O diabo. O que o diabo faz? Ele cria sofrimentos. O que Deus faz? Quando sofremos, Ele nos restaura, nos deixa fortes, firmes e estáveis. Onde o diabo traz enfermidade, Jesus traz cura. Onde o diabo traz opressão, Jesus traz libertação. Onde o diabo traz destruição, Jesus traz restauração.

É verdade que frequentemente vemos muitas coisas boas surgindo de tragédias inexprimíveis. Mas não significa que Deus tenha orquestrado as tragédias, ou que Ele precisasse delas a fim de produzir algo bom. O simples fato de vermos um bom resultado não significa que os sofrimentos foram da vontade de Deus. Ainda tenho que encontrar algum lugar nas Escrituras que mostre Jesus adoecendo alguma pessoa, ou orquestrando qualquer tipo de destruição.

CAPÍTULO 4 - *A Vontade do Pai*

Jesus disse que se O vemos, vemos o Pai. O que vemos, vez após vez, é que o Pai, o Filho, e o Espírito Santo nunca causam destruição. Muito pelo contrário, estão numa missão de restauração. Desenvolveremos isso no próximo capítulo.

Por enquanto, vamos analisar algumas explicações possíveis da razão pela qual coisas ruins acontecem, apesar de a vontade de Deus ser contrária.

Por Que Coisas Ruins Acontecem?

Podemos dizer que coisas ruins acontecem por causa: (a) de um ataque direto de Satanás; (b) do exercício do nosso livre arbítrio; ou (c) do fato de que vivemos num mundo caído e sofremos os efeitos cumulativos do pecado da humanidade. Vamos analisar sucintamente cada um deles.

Um Ataque Direto de Satanás

Como já vimos, Jesus diz (e Pedro confirma) que a maior parte dos sofrimentos pelos quais passamos vem de Satanás. Ele é o inimigo que vem para roubar, matar e destruir. E ele tem autoridade legal para operar na terra. [47] Para entendermos isso, precisamos voltar ao plano original de Deus em que, em Sua soberania, Deus escolheu dar aos seres humanos domínio sobre a terra. Usando a nossa autoridade dada por Deus, a humanidade entregou esse domínio a Satanás. Vemos isso claramente em vários lugares. Primeiramente, vemos a afirmação de Jesus sobre o domínio de Satanás quando Ele estava sendo tentado:

> *"Uma vez mais, o diabo O levou a uma montanha muito alta e mostrou-Lhe todos os reinos do mundo*

> *e sua glória. E disse-Lhe: 'Tudo isso Te darei, se Te prostrares e me adorares.'*
>
> *Aí então Jesus disse-lhe: 'Arreda-te, Satanás! Pois está escrito: Adorarás ao Senhor teu Deus, e só a Ele servirás'"* (Mt 4.8-10).

Observe que Jesus não negou a alegação de Satanás de que os reinos do mundo lhe pertencem, e de que ele tem autoridade para devolvê-los a Jesus (o Herdeiro legítimo). Ainda que Jesus reconhecesse que o mundo está sob o controle de um usurpador, Ele disse que não Se prostraria para adorar a Satanás. Jesus sabia do preço que teria que pagar para recuperar para Deus o que a humanidade havia cedido.

Alguns outros lugares mostram onde Jesus reconhece a autoridade de Satanás para ter domínio no mundo:

> *"Agora é o juízo deste mundo; agora será expulso o dominador deste mundo"* (Jo 12.31).
>
> *"Já não falarei muito com vocês, pois o dominador deste mundo está vindo. Ele não tem nenhuma reivindicação sobre Mim"* (Jo 14.30).
>
> *"E, quando o Espírito Santo vier, convencerá o mundo... com relação ao juízo, porque o dominador deste mundo foi julgado"* (Jo 16.8,11).

Sobre quem Jesus está falando nessas três passagens? Satanás. E Ele o chama de dominador deste mundo. Não deveria nos surpreender o fato de vermos Satanás usando a sua autoridade legal para orquestrar a destruição. Haverá um tempo em que o Reino de Deus será totalmente restaurado, e, quando isso acontecer, a vontade de Deus será feita perfeitamente na terra. Enquanto isso, tão grande é o amor de Deus por nós, que, ao invés de permitir que vivêssemos com as consequências do nosso ato de rebelião, Ele próprio levou a punição para restaurar toda a Criação à Sua intenção original. Podemos vivenciar os benefícios do Reino de Deus agora, ainda que não totalmente ainda. [48] Discutiremos isso no próximo capítulo.

Mas nem tudo o que acontece é resultante de um ataque direto de Satanás. Precisamos reconhecer também que grande parte dos sofrimentos que vivenciamos é resultante do exercício do nosso livre arbítrio.

O Exercício do Nosso Livre Arbítrio

No capítulo anterior, estabelecemos que os seres humanos são os únicos seres criados que têm a capacidade de receberem o amor de Deus, e, por sua vez, de amá-Lo. Mas não somos obrigados a fazê-lo. O amor não é amor, a menos que seja dado gratuitamente. Assim sendo, pelo fato de que Deus queria criaturas com as quais Ele pudesse compartilhar o Seu amor, Ele nos criou como agentes de livre arbítrio. Isso significa que podemos escolher se viveremos num relacionamento com Deus ou não. E podemos escolher se viveremos de acordo com a vontade de Deus – os Seus desejos, como também os Seus conselhos. Sempre que usamos o nosso livre arbítrio para contrariarmos a vontade de Deus, sofremos as consequências. Ouça Jesus lamentando com relação a Jerusalém e a sua recusa de aceitar a vontade de Deus.

> *"Ó Jerusalém, Jerusalém, a cidade que mata os profetas e apedreja os que lhe são enviados! Quantas vezes Eu teria reunido os teus filhos como uma galinha junta os seus pintainhos sob as suas asas, e não quiseste!"* (Mt 23.37).

Pelo fato de que temos um livre arbítrio, o Pai não impõe a Sua vontade sobre nós. Ele anseia em amar-nos e mostrar-nos como vivermos na plenitude da vida, mas Ele respeita os nossos desejos e permite que colhamos as consequências – até mesmo se forem contrárias à Sua vontade.

Às vezes sofremos as consequências das nossas próprias escolhas. Ou seja, escolhemos ir contra a vontade de Deus e passamos por sofrimentos como resultado. Ele nos ensina como vivermos, e, quando obedecemos, as nossas vidas são preservadas, mas, quando violamos as Suas instruções, não podemos dizer que Ele é o autor da consequente destruição.

Permita-me dar-lhe um exemplo. Eu tenho uma sobrinha, a Natália, que gosta muito de vir à minha casa para visitar-nos. E, quando nos visita, ela sempre quer comer ovos mexidos e abacate (Talvez isso seja uma indicação das minhas habilidades culinárias). Sendo a boa tia que sou, fico feliz em agradá-la. Quando ela tinha aproximadamente cinco anos de idade, ela estava se sentindo bem "adulta" e perguntou se poderia fazer os seus próprios ovos mexidos. Fiquei contente em permitir que

CAPÍTULO 4 - *A Vontade do Pai*

ela ajudasse, e eu estava ávida que ela aprendesse. Assim sendo, coloquei uma cadeira ao lado do fogão e dei-lhe claras instruções para não tocar no fogão de jeito nenhum. Mostrei-lhe o nosso queimador elétrico de vidro, apontei para o brilho incandescente, e disse: "Se você tocar nisso, ele a queimará. Não toque!" Ela seguiu as minhas instruções – bem, quase.

Assim que desliguei o queimador e removi a frigideira, ela colocou a sua mãozinha na superfície quente e imediatamente gritou de dor. As bolhas começaram a aparecer na hora. O Kerry e eu fizemos o que uma tia e um tio amorosos fariam: nós a pegamos no colo, pusemos uma pomada para queimaduras em sua mão, colocamos ataduras em seu ferimento, e a consolamos. Nós a tranquilizamos e dissemos que não estávamos chateados com ela, e a relembramos do quanto que a amávamos. Ela aprendeu uma lição valiosa.

Agora, permita-me fazer-lhe algumas perguntas.

Será que eu acho que a lição que a Nati aprendeu foi valiosa? Sim.

Será que eu peguei a sua mão e a coloquei sobre a superfície quente do fogão para que ela aprendesse a lição? De jeito nenhum!

Será que eu causei a queimadura para puni-la por haver desobedecido a minha ordem? Certamente que não.

Será que eu poderia ter impedido que isso acontecesse? É claro que sim. Eu poderia ter negado o seu pedido de ajudar; ou eu poderia ter amarrado as suas mãos para garantir que ela não se machucasse. Mas eu estava mostrando-lhe o meu amor, ajudando-a a crescer.

Será que ela se sentiu consolada e amada quando demos alguns passos para ajudá-la? Creio que sim.

Mas o simples fato de que algo bom surgisse disso não significa que quiséssemos que isso acontecesse ou que fizemos com que acontecesse. Só significa que, como adultos amorosos, usamos uma situação ruim para tirarmos algo de bom dela.

Agora, vamos prosseguir com isso.

Será que Deus causou a queimadura da mão da Nati? Será que Ele a estava punindo ou querendo machucá-la para ensinar-lhe uma lição? Acho que não.

Será que foi o inimigo que causou isso? Muito improvavelmente.

Será que o livre arbítrio da Nati causou isso? Num certo sentido, sim. Ela agiu baseada no conhecimento que tinha, com poucas restrições externas.

Será que Deus poderia ter parado isso? Sim, sobrepondo-Se ao livre arbítrio da Nati. Mas Ele é um Deus amoroso. Assim sendo, Ele não força a Sua vontade sobre nós.

No exercício do nosso livre arbítrio, às vezes fazemos escolhas totalmente deliberadas que vão contra o plano de Deus para nós. Às vezes damos passos em falso, e caímos e nos machucamos. Talvez estivéssemos fazendo as melhores escolhas com as informações que tínhamos disponíveis na época, e ainda vivenciamos resultados adversos. Não há nenhuma culpa nisso, nenhuma condenação. Mas o Pai permite que façamos essas escolhas. Faz parte da Sua dádiva de liberdade para nós.

Deus não quer robôs que são forçados a obedecê-Lo o tempo todo. Ele quer um relacionamento de amor, o qual exige liberdade para aceitarmos ou rejeitarmos as Suas instruções e conselho. Deus poderia sobrepor-Se às nossas decisões e forçar-nos a fazermos o que Ele diz, mas isso iria contra o Seu propósito de desenvolver relacionamentos livres. [49]

CAPÍTULO 4 - *A Vontade do Pai*

Devido a isso, também é possível que passemos por sofrimentos como consequência do livre arbítrio de outras pessoas. Imagine alguém que fica bêbado, começa uma farra e um tiroteio, e mata uma pessoa. Será que poderíamos dizer que isso foi da vontade de Deus? Absolutamente não. Deus nos diz para não nos embebedarmos, porque isso é destrutivo, mas Ele não Se sobrepõe ao livre arbítrio de uma pessoa na questão. Ele precisa permitir isso, até mesmo se as consequências forem fatais.

Talvez você tenha sido a vítima da desobediência voluntária às instruções do Pai por parte de outra pessoa. Sei que isso é difícil de aceitarmos, e entristeço-me pelo seu sofrimento. Mas fique sabendo por favor que isso não foi plano do Pai nem Seu desígnio. Se você permitir-Lhe, Ele quer curar os seus ferimentos, consolá-lo, fortalecê-lo e apoiá-lo. Se você entregar-Lhe essas situações, Ele poderá fazer com que algo de bom surja disso.

Ainda assim, há coisas que não podem ser rastreadas a um ataque direto de Satanás ou ao exercício do livre arbítrio humano. Algumas coisas são resultantes do efeito cumulativo do pecado da humanidade.

O Efeito Cumulativo do Pecado da Humanidade

Em Gênesis 3, lemos que Adão e Eva escolheram comer da Árvore do Conhecimento do Bem e do Mal. Os seres humanos basicamente disseram a Deus: "Nós conseguimos tomar conta de nós mesmos. Se ao menos tivermos mais informações, poderemos resolver as coisas por nós mesmos." A partir desse ponto, temos gerenciado mal a terra e os seus recursos. Deus planejava que dominássemos o planeta em parceria com Ele, mas escolhemos fazê-lo sozinhos, e fizemos uma bagunça com as coisas!

Como mencionamos no Capítulo 1, uma visão errônea de Deus, e portanto da realidade, resulta numa separação de Deus, uma separação de nós mesmos, uma separação de uns com os outros, e uma separação da natureza. As consequências de cada uma dessas coisas são devastadoras, e, assim sendo, podemos dizer seguramente que a maior parte do sofrimento que vivenciamos em nosso mundo resulta de uma visão errônea de Deus.

Vivemos agora num mundo em que os recursos são escassos. Assim sendo, vemos fomes, pobreza, e explorações. Vivemos num planeta poluído e o nosso suprimento alimentar tem sido alterado tanto que os nossos corpos não conseguem funcionar como Deus intencionava. No Ocidente, vivemos sob o peso da produtividade, o qual produz estresse, o que resulta em todas as formas de enfermidades. A terra tem sido submetida a um mau gerenciamento, o qual causa perturbações climáticas, e consequentemente desastres naturais. Isso nunca foi o plano de Deus para nós. Mas Deus é todo-poderoso. Assim sendo, por que Ele não faz nada a respeito?

Será que Deus É Impotente para Impedir que Coisas Ruins Aconteçam?

Para respondermos a essa pergunta, eu gostaria de pedir que você refletisse sobre três cenários. Há três casais, com cada um deles com uma visão diferente sobre a criação de filhos.

O primeiro casal ama tanto o seu filho que querem evitar qualquer dano possível. Quando a criança começa a dar os seus primeiros passos, seguram a sua mão e nunca a soltam.

O segundo casal ama tanto o seu filho que querem que ele aprenda como andar rapidamente. Eles sabem que o processo de aprendizado envolve quedas e como aprender a levantar-se. Sempre que o bebê dá alguns passos, eles o derrubam, esperando que ele aprenda a sua lição e desenvolva habilidades para andar, segundo a proverbial "escola dos duros golpes".

O terceiro casal ama tanto o seu filho que querem que ele aprenda como andar. Eles também sabem que o processo de aprendizado envolve quedas e aprender como levantar-se. Assim sendo, desde cedo seguram a sua mão. Pouco a pouco, dão-lhe mais e mais liberdade. Sempre que ele cai, eles o levantam, consolam-no, e o encorajam a levantar-se e tentar de novo, e de novo, até que aprenda como andar sozinho.

Permita-me perguntar-lhe: "Qual desses casais você diria que tem a melhor forma de criar os filhos?" Lembre-se agora que Jesus disse:

> *"Se vocês então, que são maus, sabem como dar boas dádivas aos seus filhos, quanto mais o seu Pai que está no Céu dará coisas boas aos que Lhe pedirem!"*
> (Mt 7.11).

As nossas próprias habilidades na criação de filhos não são nada em comparação com o coração do Pai para conosco. Mas podemos ver através das Escrituras que, como um bom Pai, o *Abba* quer que cresçamos. Ele quer que aprendamos a andar sozinhos, a confiarmos n'Ele livremente, a exercermos o nosso livre arbítrio responsavelmente. Ele sabe que no processo talvez tropecemos e caiamos, e até mesmo nos machuquemos – e às vezes os outros. Mas Ele não reduz o nosso livre arbítrio.

Sim, Deus é soberano, o que basicamente significa que Ele pode fazer o que quiser. Mas precisamos entender que há dois aspectos com relação à soberania: *de jure* e *de facto*.

Poderíamos dizer que *de jure* significa autoridade legal. É o que legitimamente pertence a uma pessoa. Se eu estiver dirigindo e chegar a um semáforo vermelho, tenho que parar. Mas, uma vez que ele fique verde, tenho a habilidade *de jure* de seguir adiante. Eu posso legalmente atravessar a intersecção se eu quiser.

Em contraste, *de facto* refere-se ao que é de fato o caso. É factual. Voltando ao exemplo de dirigir um carro, quando o semáforo fica verde, posso ter a autoridade *de jure* para prosseguir, mas, se houver outro carro parado na minha frente, não tenho a possibilidade *de facto*. Até mesmo se eu quisesse fazer isso, há outra coisa que me impede de fazer o que desejo e posso fazer legitimamente.

Aplicando isso a Deus, podemos dizer que em todos os momentos Deus é completamente soberano *de jure*, mas não necessariamente *de facto*. Ou seja, muito embora Ele tenha a autoridade para fazer tudo o que quiser, talvez haja outros fatores que O impedem de fazê-lo de fato.

Na soberania de Deus, Ele escolheu criar a humanidade como seres relacionais, com livre arbítrio, de tal forma que pudéssemos compartilhar do Seu amor, mas que não fôssemos obrigados a fazê-lo. É um ato de amor de Deus. Na soberania de Deus, Ele escolheu limitar-Se para proteger o nosso livre arbítrio com o propósito do relacionamento. Esse também é um ato de amor de Deus. Portanto,

CAPÍTULO 4 - *A Vontade do Pai*

nos afazeres do mundo, talvez haja muitas situações em que Ele tem a soberania *de jure* para sobrepor-Se ao livre arbítrio humano, mas Ele não o faz – não porque não seja poderoso o suficiente, mas porque Ele é amoroso demais para revogar o nosso livre arbítrio.

Mas, quando o exercício humano do nosso livre arbítrio resulta em destruição, a soberania de Deus é tão grande que, de alguma forma, Ele pode usá-la para o bem. Sempre que enfrentamos a dor do sofrimento que está presente em nosso mundo, precisamos estar cientes de que o *Abba* não fica passivo com relação a isso. Ele está operando para redimir e restaurar tudo o que foi quebrado pelo pecado. Veremos isso no próximo capítulo.

Até aqui, vimos que as coisas ruins que acontecem no mundo não são a vontade do Pai. Mas e as coisas boas? Certamente Deus pode fazer todo o bem que Ele pretende fazer, certo? Ou seria possível que haja coisas que Deus quer fazer que não estão sendo feitas? Vamos tocar nisso brevemente para concluirmos este capítulo.

A Nossa Parceria na Vontade de Deus

Lembre-se que, de acordo com a narrativa da Criação, Deus nos criou à Sua imagem e semelhança, com o expresso desejo de que compartilhássemos com Ele nos cuidados com a Sua criação. Deus quer uma parceria conosco.

> *"Aí então, Deus disse: 'Façamos o homem à Nossa imagem, conforme à Nossa semelhança. E que tenham domínio sobre os peixes do mar e sobre os pássaros*

*dos céus e sobre o gado e sobre toda a terra e sobre
os répteis que se arrastam sobre a terra.'"* (Gn 1.26).

Um aspecto chave da nossa parceria é a oração. No início deste capítulo, vimos que quando Jesus nos ensinou a orarmos, Ele nos disse para pedirmos ao Pai:

*"Venha o Teu Reino; seja feita a Tua vontade,
assim na terra como no Céu"* (Mt 6.10).

Jesus está nos ensinando a cooperarmos com o Pai através da oração. Talvez não entendamos o porquê, mas o que é claro é que "Deus Se vinculou irrevogavelmente à cooperação humana na execução dos Seus propósitos divinos."[51] Isso volta à Sua soberania *de jure* e *de facto*. Deus tem a autoridade legal para fazer tudo o que quiser, mas Ele escolheu fazer uma parceria com a humanidade nos afazeres do mundo. Portanto, Ele está limitado na soberania *de facto* para a humanidade obedecer às Suas ordens. Em palavras simples, há coisas que Deus quer fazer, mas não são feitas, exceto através da parceria humana.

Você já ouviu a expressão "todas as coisas contribuem juntamente para o bem"? Presumimos que isso significa que Deus produzirá algo bom em todas as situações, não importando quais sejam. Mas vamos olhar para isso no contexto:

*"Semelhantemente, o Espírito nos ajuda em nossas
fraquezas. Pois não sabemos pelo que orarmos como*

> *deveríamos, mas o próprio Espírito intercede por nós com gemidos profundos demais para serem expressos por palavras. E Aquele que sonda os corações sabe qual é a mente do Espírito, porque o Espírito intercede pelos santos de acordo com a vontade de Deus. E sabemos que, para os que amam a Deus, todas as coisas contribuem juntamente para o bem, para os que são chamados de acordo com o Seu propósito"* (Rm 8.26-28).

Não há nada na Bíblia que indique que todas as coisas contribuem juntamente para o bem. O que essa passagem nos diz é que a contribuição humana – com a ajuda do Espírito Santo – pode impactar o resultado de qualquer situação. Uma tradução melhor do Versículo 28 encontra-se nas traduções inglesas RSV e NEB da Bíblia:

> *"Em tudo Deus opera para o bem com os que O amam"* (Rm 8.28 – RSV).

> *"Em tudo, como sabemos, [o Espírito] coopera para o bem COM os que amam a Deus"* (Rm 8.28 – NEB).

Temos o privilégio de termos uma parceria com Deus, na oração e na ação, para vermos a Sua vontade estabelecida na terra. Analisaremos isso mais tarde em nosso estudo.

Conclusão

Neste capítulo, dissemos que muito embora Deus tenha criado um mundo *"muito bom"*, há muitas coisas que acontecem, tanto no grande esquema das coisas como em nossas vidas pessoais, que não são boas. Essas coisas não são a vontade de Deus. Nem tudo o que acontece é a vontade de Deus, e a vontade de Deus nem sempre é feita na terra. Coisas ruins acontecem por causa (a) de um ataque direto de Satanás; (b) do exercício do nosso livre arbítrio; (c) do fato de que vivemos num mundo caído, e sofremos os efeitos cumulativos do pecado da humanidade.

Muito embora Deus seja soberano e Ele poderia fazer algo com relação ao mal em nosso mundo, pelo fato de que Ele nos ama, Ele permite que exerçamos o nosso livre arbítrio sem a Sua intervenção. Em outras palavras, em Sua soberania, Deus escolheu limitar-Se para proteger o nosso livre arbítrio com o propósito do relacionamento – a um preço muito alto para Si mesmo, como veremos logo.

Finalmente, vimos que Deus quer que a Sua vontade seja feita na terra, mas Ele escolheu limitar-Se à cooperação humana. Assim sendo, temos o privilégio de termos uma parceria com Deus – na oração e na ação – para que a Sua vontade seja estabelecida na terra. Chegaremos nisso nos capítulos posteriores. Por enquanto, precisamos entender que o *Abba* não fica passivo com relação aos sofrimentos no mundo. Ele está fazendo algo a respeito. Voltaremos a isso no próximo capítulo.

Reflexão

Será que há algum sofrimento em sua vida? Você está achando que foi Deus que o causou? Talvez você tenha sido a vítima do pecado de outra pessoa, mas isso não foi vontade de Deus nem plano d'Ele para você. Separe um tempo para conversar com Deus sobre essa situação e peça que Ele o dirija em oração, para que Ele possa operar juntamente com você, para fazer com que algo bom saia disso.

Você já vivenciou algum sofrimento como resultado das suas próprias escolhas de livre arbítrio? Você achou que as consequências fossem uma punição de Deus pelo que você fez? Lembre-se que Deus não é uma divindade irada e relutante que precisa ser apaziguada, e sim Alguém zeloso e amoroso, que anseia por um relacionamento restaurado com a Sua Criação. Seria possível que o sofrimento que você vivenciou não era uma punição de Deus, e sim as consequências naturais das suas ações?

Tome algum tempo para conversar com Deus sobre essa situação e peça que Ele o dirija em oração, para que Ele possa operar juntamente com você, para fazer com que algo bom saia disso.

Oração

"Pai, agradeço-Te porque nos deste um livre arbítrio, até mesmo se isso significa que nem sempre a Tua vontade é feita na terra. Perdoa-me pelas vezes em que Te culpei pelas coisas ruins que estavam acontecendo, em que eu não tinha entendimento. Mostra-me como ver as coisas claramente – discernir quando estou sob ataque, ou quando estou sofrendo as consequências das minhas próprias decisões ruins. Perdoa-me pelas vezes em que fui contra a Tua vontade para a minha vida, e ensina-me como ter uma parceria contigo, para transformar as coisas ruins para o bem. Onde fui vítima do pecado de outra pessoa, dá-me a graça para perdoá-la e mantém o meu coração puro e livre de amarguras ou ressentimentos. Em todas essas coisas, quero ter essa parceria

contigo para dizer: 'Venha o Teu Reino, e seja feita a Tua vontade na terra assim como é feita no Céu.' Em nome de Jesus. Amém!"

Discussão em Grupo

1. Você já ouviu algumas pessoas referindo-se a furacões, tornados, terremotos, ou coisas assim, como "atos de Deus"? Discuta a implicação de vermos esses eventos destrutivos como atos de Deus. O que acontece com a nossa fé quando vemos Deus tanto como Criador quanto destruidor da Sua Criação?

2. Você consegue pensar em situações em que você passou por consequências adversas como resultado das suas próprias escolhas de livre arbítrio? O que você pode aprender com essas experiências?

Como você poderia explicar a outra pessoa o fato de que Deus nos ama tanto que Ele permite que coisas ruins aconteçam?

CAPÍTULO

5

A Missão do Pai

*O Pai não Me enviou
ao mundo para
condenar o mundo,
mas para que
o mundo fosse
salvo através
de Mim – Jesus*

CAPÍTULO 5 - *A Missão do Pai*

"O *Mr. Blackman* ficou quebrado em pedacinhos!" Essa sentença entrará para a história como um dos mais memoráveis eventos da história da minha família. *"Mr. Blackman"* é o nome da relíquia de família mais valorizada do meu pai. É uma estátua de um trovador que fica no topo de uma coluna de mármore, assim chamado em honra ao Conde Blackman, o qual a deu de presente à sua amada professora de piano. Ela, por sua vez, a deu à minha avó (em gratidão pelos seus cuidados durante uma longa enfermidade), e a minha avó a deu aos meus pais como presente de casamento. Nem preciso dizer que a estátua tem uma significância emocional e sempre é exibida num lugar proeminente em nossa casa.

Por alguma razão, a minha irmã Carolina achou que seria uma boa ideia pular corda em nossa sala de estar, bem ao lado do *Mr. Blackman*. Como era de se esperar, a corda ficou enroscada no violão do *Mr. Blackman* e o arremessou a um pouso forçado no chão. Não foi algo bonito de ser ver. Parecia que havia mil pedacinhos espalhados pela sala de estar – um evento devastador (por assim dizermos).

O que o meu pai deveria fazer? Uma opção seria aceitar a perda; afinal de contas, era apenas uma estátua. Certamente ela poderia ser substituída por alguma outra coisa. Mas essa não era uma estátua qualquer. Algo tinha que ser feito. Assim sendo, ele pegou todos os pedaços e os levou a um mestre restaurador, o qual cuidadosamente os colou de volta, deixando apenas vestígios microscópicos da sua destruição anterior. O *Mr. Blackman*, uma vez mais, encontra-se no topo da sua coluna, na sala de estar do meu pai.

De uma maneira muito semelhante, porém numa escala infinitamente maior, o Pai não Se contenta em descartar a Sua Criação caída, contá-la como perda, e seguir adiante. Lembre-se que, quando Deus criou tudo,

Ele declarou que era *muito bom*. Deus ama tudo o que criou, até mesmo quando o exercício do livre arbítrio da humanidade produz consequências que são contrárias ao plano original de Deus. A Criação está caída, mas Deus não terminou a Sua obra com ela ainda. Ele criou por amor, e o amor não vai embora quando o ente amado está num caos. Pelo contrário, Jesus nos mostra que o coração do Pai é restaurar tudo o que foi criado *"muito bom"* e que foi desfigurado pelo pecado. Exploraremos o problema do pecado no próximo capítulo. Por enquanto, queremos ver a missão do Pai, a essência da salvação. Começaremos essa jornada, explorando como o Pai responde aos sofrimentos do mundo, como foi exemplificado em *Les Misérables* de Victor Hugo.

Criação Caída

Um dos principais personagens de *Les Misérables* de Victor Hugo é a Fantine – uma jovem que se torna uma prostituta. Muitos de nós, olhando para a sua vida a partir de uma perspectiva romana, diríamos que ela "errou o alvo". Dizemos: "A Fantine é uma prostituta. É uma pecadora. Ela precisa de perdão." Ok. Isso é importante, mas será que isso é tudo que ela precisa? Será que Deus ficaria contente em perdoar o seu pecado, mas deixando-a nas condições que a levaram às suas ações? Será que Deus poderia desprezar a Fantine e dizer: "Exceto pelo fato de que ela é uma prostituta, a sua vida é muito boa"? Mas a história da Fantine vai além das suas ações. Na verdade, é uma representação perfeita dos sofrimentos da Criação que nunca foram desejo de Deus.

Dela é a trágica história de uma jovem – provavelmente uma órfã – cujo amante a abandona, e também a filhinha deles, Cosette. A Fantine não tem nenhuma outra opção, a não ser deixar a sua filhinha aos cuidados de alguns estalajadeiros e enviar os seus parcos ganhos como trabalhadora de fábrica para suprir às necessidades da Cosette. Quando a Fantine perde o seu emprego na fábrica, a sua situação piora. Ela se encontra morando nas ruas, sem nenhum emprego nem salário. A fim de sustentar-se, ela vende as suas joias, e aí então o seu cabelo, e finalmente os seus dentes. Tendo esgotado todas as outras opções, ela relutantemente acaba vendendo o seu corpo. As suas ações não são a vontade de Deus; tampouco foram quaisquer das circunstâncias que contribuíram para esse resultado. Poderíamos dizer que a vida da Fantine é um quadro das condições da humanidade. A sua vida – e a nossa também – é uma combinação dos efeitos da rebelião da humanidade, voltando por completo até o Jardim do Éden.

Como vimos no capítulo anterior, Deus nos criou como agentes com livre arbítrio e nos deu uma escolha de aceitarmos o Seu amor e vivermos num relacionamento com Ele, ou recusá-lo e vivermos independentemente d'Ele. Pelo fato de que temos essa liberdade, podemos escolher vivermos de acordo com a vontade de Deus ou gerenciarmos as nossas vidas com o nosso próprio entendimento. Em toda a Bíblia, vemos que Deus nos dá escolhas e pede que escolhamos a vida. Por exemplo:

> *"Coloquei diante de você a vida e a morte, a bênção e a maldição. Portanto, escolha a vida"* (Dt 30.19).

Deus quer que respondamos ao Seu amor e escolhamos a vida, mas Ele não impõe isso sobre nós. Essa liberdade é problemática, mas é o amoroso ato de Deus que protege o nosso livre arbítrio. Em nosso desejo humano de termos soberania sobre as nossas próprias vidas, fazemos escolhas errôneas – às vezes inadvertidamente, às vezes por ignorância, às vezes com boas intenções, às vezes numa rebelião voluntária. Qualquer que seja o caso, sempre que usamos a dádiva do livre arbítrio para rejeitarmos os planos e o conselho de Deus, sofremos as consequências. Essas escolhas resultam na destruição da Criação de Deus.

De acordo com uma perspectiva romana legal, Deus tem todo "direito" de olhar para nós e dizer: "Vocês fizeram uma bagunça em Minha Criação. Alguém tem que pagar!" Se abordarmos o nosso relacionamento com Deus através dessas lentes romanas, estaremos presumindo que a obra de Jesus na salvação tem a ver com perdoar-nos pelo nosso mau comportamento. No exemplo da Fantine, ela precisa de perdão por suas ações; e, obviamente, em Sua misericórdia, Deus realmente oferece perdão através de Jesus por tudo o que ela faz contra a Sua vontade. Isso se aplica a todos nós. Mas, para entendermos plenamente a missão do Pai, precisamos olhar para ela através da perspectiva que Jesus nos dá de Deus como um Pai que olha para a totalidade dos sofrimentos e anseia em fazer-nos completamente sãos.

A Essência da Salvação

Jesus revela que o *Abba* está interessado em nossa saúde plena. Ele está decidido em juntar os milhões de fragmentos da Criação estraçalhada e restaurá-la ao Seu plano original. Porque todas as vezes em que escolhemos a morte, o Pai não procura um culpado para julgar e condenar. Ao invés, o *Abba* oferece a possibilidade de restauração.

Para que não fiquemos confusos sobre a questão, Jesus declara isso especificamente em Seu encontro com Nicodemos. Jesus diz o seguinte com relação a Si mesmo:

> *"Porque Deus não enviou o Seu Filho ao mundo para condenar o mundo, mas para que o mundo fosse salvo através d'Ele"* (Jo 3.17).

Precisamos enfatizar isso porque muitos de nós temos uma visão de um Deus que estabelece exigências de Suas criaturas e está procurando condenar-nos e punir-nos. Mas observe que o versículo acima diz que *"Deus não enviou o Seu Filho ao mundo para condenar o mundo."* Como Eugene Peterson descreve isso,

> *"Deus não Se deu a todo o transtorno de enviar o Seu Filho para meramente apontar um dedo acusatório, dizendo ao mundo quão ruim ele era. Ele veio para ajudar, para restaurar o mundo novamente"* (Jo 3.17 – MSG).

Poderíamos dizer que, através de Jesus, Deus não condenou o mundo porque Ele perdoa o nosso mau comportamento. Uma vez mais, isso é pensamento romano, o qual fica aquém de descrever a intenção de Deus. Precisamos de uma compreensão maior do que Ele quer dizer ao afirmar que Deus enviou Jesus *"para que o mundo fosse salvo através d'Ele."* A salvação é muito mais do que o perdão pelo nosso mau comportamento.

Para ajudar-nos a entendermos o que Jesus está dizendo, precisamos analisar a língua original desse versículo.

A palavra grega traduzida como *salvar* é *sōzō*, a qual tem um significado amplo, inclusive "salvar, manter seguro e são, salvar alguém que esteja sofrendo de uma enfermidade, sarar, curar, ou restaurar à saúde; resgatar ou preservar alguém que esteja em perigo de destruição." [53] O sentido é que a salvação engloba a totalidade da vida. É tanto preventiva como restauradora, resgatando da destruição e curando alguém por completo. O mesmo sentido encontra-se no texto hebraico. Numa das muitas profecias de Isaías sobre o Messias prometido (Jesus), encontramos o conceito equivalente:

> *"Eu Te farei como uma luz para as nações, para que a Minha salvação alcance os confins da terra"* (Is 49.6b).

A palavra hebraica traduzida como *salvação* é *yĕshuw àh*, que significa "salvação, libertação, saúde, bem-estar, prosperidade, e vitória." [53]

Dadas essas definições, vemos que a salvação é muito mais do que o perdão pelos pecados. A salvação envolve proteção, libertação e restauração. É o Pai pegando todos os pedacinhos da Sua Criação caída e colocando-os de volta em seu devido lugar. Levemos isso adiante, analisando as descrições proféticas da missão de Jesus.

Características da Missão de Jesus

No Evangelho de Mateus, vemos uma referência a uma das muitas profecias sobre Jesus, o Messias:

CAPÍTULO 5 - *A Missão do Pai*

> *"Eis o Meu Servo, o qual escolhi,*
> *O Meu amado com o qual a Minha alma Se compraz.*
> *Colocarei o Meu Espírito sobre Ele,*
> *E Ele proclamará justiça aos gentios.*
> *Ele não contenderá nem gritará,*
> *e ninguém ouvirá a Sua voz nas ruas;*
> *uma cana quebrada Ele não esmagará,*
> *e um pavio fumegante Ele não apagará,*
> *até que Ele traga a justiça à vitória;*
> *e em Seu nome os gentios esperarão"* (Mt 12.18-21).

O Pai começa, falando sobre Jesus e do quanto Ele Se compraz n'Ele. Em seguida, vemos a obra do Espírito Santo – uma vez mais, um retrato da Trindade operando conjuntamente a favor da humanidade. O quadro que vemos aqui não é de um Pai rígido, punitivo, e sim de um Deus amoroso, afetuoso, que Se identifica com as nossas fraquezas. Quando Ele vê que estamos feridos, Ele não nos esmaga. Quando vê que a nossa luz está ofuscada, Ele não será quem a apagará. Pelo contrário, Jesus veio para proclamar a justiça – a esperança de um reino melhor e um futuro melhor. Olhe o que Isaías profetizou sobre Jesus:

> *"Certamente Ele tomou sobre Si os nossos sofrimentos*
> *e carregou as nossas tristezas; contudo, nós O*
> *consideramos como ferido, castigado por Deus, e aflito.*
> *Mas Ele foi transpassado pelas nossas transgressões;*

Ele foi esmagado pelas nossas iniquidades; sobre Ele estava o castigo que nos trouxe a paz, e com os Seus ferimentos somos curados. Todos nós como ovelhas nos desgarramos; Desviamo-nos – todos nós – aos nossos próprios caminhos; e o Senhor colocou sobre Ele a iniquidade de todos nós" (Is 53.4-6).

Vemos aqui que Jesus levou sobre Si todas as consequências do nosso pecado a fim de nos restaurar por completo. O que Ele fez (e ainda faz) vai muito além do que simplesmente perdoar as nossas ofensas. Ele não apenas sofre a punição que merecíamos, mas também restaura a nossa paz e nos cura. Pelo fato de que nos desgarramos, escolhendo vivermos independentemente do nosso Criador, não tínhamos nenhuma esperança, mas Jesus leva sobre Si todo o sofrimento da humanidade para nos restaurar por completo. Jesus restaura a nossa esperança. No Evangelho de Lucas, vemos onde Jesus pega o pergaminho de Isaías e lê sobre Si mesmo:

"O Espírito do Senhor está sobre Mim,
porque Ele Me ungiu
para proclamar boas novas aos pobres.
Ele Me enviou para proclamar liberdade aos cativos
E a recuperação da visão aos cegos,
para por em liberdade os que estão oprimidos,
para proclamar o ano do favor do Senhor"
(Lc 4.18,19).

CAPÍTULO 5 - *A Missão do Pai*

Observe as muitas facetas da missão de Jesus. Ele prega boas novas aos pobres e proclama liberdade para os prisioneiros. Há esperança! Ele traz recuperação da visão para os cegos. Há cura! Ele liberta os oprimidos. Há libertação! E Ele proclama o ano do favor do Senhor. Deus é por nós! Jesus vem para nos dar boas novas sobre o Pai – e não más notícias. Jesus vem para salvar a humanidade.

Através das descrições proféticas do ministério de Jesus, vemos que o Pai tem o compromisso de restaurá-lo por completo. Ele tem o compromisso de curá-lo, de restaurar qualquer coisa em você que tenha sido danificada pelo pecado. Com que propósito? Por que Ele quer que você seja totalmente restaurado? Por que Deus Se empenharia tanto assim para salvá-lo? Porque Ele quer que você vivencie a vida eterna. Vamos explorar o que isso significa.

A Promessa da Vida Eterna

Vamos voltar a João 3 e à conversa com Nicodemos. Aqui encontramos uma das passagens mais conhecidas das Escrituras, e, nela, uma clara referência à missão do Pai. Jesus fala sobre a vida eterna, revelando a motivação do Pai, o Seu método, e a Sua intenção:

> *"Porque Deus amou o mundo de tal maneira que deu o Seu Filho Unigênito, para que todo aquele que n'Ele crê não pereça, mas tenha a vida eterna. Porque Deus não enviou o Seu Filho ao mundo para condenar o mundo, mas para que o mundo fosse salvo através d'ele"* (Jo 3.16,17).

"*Deus amou o mundo de tal maneira.*" Essa é a Sua motivação. Deus criou por amor, e Ele continua amando, muito embora o uso do nosso livre arbítrio tenha feito uma bagunça nas coisas. O mundo não é o que deveria ou poderia ser. Ele tem sido destruído pelo pecado. Mas Deus ama o mundo. Assim sendo, como dissemos anteriormente, Deus não fica simplesmente sentado passivamente, lamentando-Se pelo estado atual das coisas. Ao invés, Ele tomou sobre Si a responsabilidade de fazer algo a respeito. O que Ele fez?

"*Ele deu o Seu Único Filho.*" Este é o Seu método. Deus poderia ter nos enviado um manual de instruções. Ele poderia ter enviado anjos, ou levantado líderes ou guias. Ele tinha opções ilimitadas a Seu dispor. Mas, pelo fato de que Deus é amor infinito, transbordante, afável, altruístico, Ele dá de Si mesmo. Portanto, no mais incompreensível e monumental evento da história, Deus revestiu-Se de carne humana. Jesus nasceu de uma virgem, através do Espírito Santo. Ele é plenamente Deus e plenamente humano. Através da Encarnação, Deus identificou-Se plenamente com a Sua Criação, vivenciando a plenitude da condição humana caída. Ele levou o nosso sofrimento e todas as consequências da nossa rebelião. Jesus pagou o preço do nosso pecado. Mas Ele também conquistou a morte e garantiu a nossa vitória, como veremos logo mais. Por que Ele foi tão longe assim?

"*Para que todo aquele que n'Ele crê não pereça, mas tenha a vida eterna.*" Essa é a Sua intenção. Jesus não Se tornou humano, não morreu, e não ressuscitou dentre os mortos somente para que pudéssemos ter o proverbial "passaporte para o Céu". Ele não passou por isso tudo apenas para que pudéssemos passar a eternidade no Céu com Ele. Esse é um

CAPÍTULO 5 - *A Missão do Pai*

dos muitos benefícios que podemos desfrutar. E estou grata por essa promessa que nos dá esperança! Mas o que Jesus está dizendo aqui vai muito além disso. O que Jesus quer dizer com essa frase? O sentido no texto grego original nos dá uma compreensão melhor.

O tempo verbal da frase *"não pereça"* é considerado como que não se referindo ao passado, presente, ou futuro. [54] O tempo verbal de *"tenha a vida eterna"* é o presente, representando uma simples declaração de um fato ou realidade vista como que ocorrendo no tempo atual, mas que pode ou não ocorrer, dependendo-se das circunstâncias. [55] O que isso significa para nós é que essa não é uma promessa reservada a um tempo futuro (depois que o nosso corpo terreno morrer), mas é uma realidade presente, contínua, que podemos vivenciar no aqui e agora, contanto que satisfaçamos a condição de crermos em Jesus. Em outras palavras, por causa do que Jesus fez por nós, não temos que permanecer num estado de perecimento, mas podemos vivenciar uma plenitude de vida. Sim! Até mesmo em meio ao sofrimento, até mesmo quando as circunstâncias são adversas, até mesmo quando tudo ao nosso redor parece estar se desmoronando, podemos vivenciar a vida no sentido mais amplo da palavra. Isso é vida eterna!

"Vida eterna" não se refere à quantidade de vida, e sim à sua qualidade. A palavra grega traduzida como *eterna* é *aiōnios*, que se refere ao que sempre existiu e sempre existirá; em outras palavras, ao próprio Deus. A palavra traduzida como *vida* é a palavra grega *zōē*, que se refere à absoluta plenitude de vida que pertence a Deus. É vida real e genuína, ativa e vigorosa – vida como o Pai, Filho, e Espírito Santo têm n'Eles. [56] Como é essa absoluta plenitude de vida?

Lembre-se, de acordo com o Capítulo 2, que a vida compartilhada do Pai, Filho, e Espírito Santo é caracterizada por uma perfeita união e harmonia, abundância de amor, alegria, paz, apoio, e aceitação. É uma vida de perfeita plenitude. Quando Jesus ora por nós, Ele expressa o Seu desejo de que vivenciemos a plenitude do que significa sermos humanos, criados à imagem de Deus e vivendo num perfeito relacionamento com Ele – e, por extensão, uns com os outros – de acordo com o Seu plano original. É o tipo de vida que Jesus nos disponibiliza, no aqui e agora. Tão grande assim é o amor do Pai por nós! Finalmente, mais adiante no Evangelho de João, Jesus sumariza a Sua missão da seguinte maneira:

"*Vim para que tivessem vida, e a tivessem abundantemente*" (Jo 10.10b).

Uma vez mais, a palavra grega traduzida como *vida* é *zōē*, e refere-se a uma absoluta plenitude de vida, da forma como Deus a tem. Jesus diz claramente que essa é a razão pela qual Ele veio: para que tenhamos vida no mais pleno sentido da palavra. Além disso, Ele diz que veio para que tivéssemos vida mais abundantemente. É a palavra grega *perissos*, que significa "excessivamente, abundantemente, supremamente, algo além, mais, muito mais do que tudo, superior, extraordinário, insuperável, incomum." [57] Não é uma garantia de uma vida isenta de problemas, nem de prosperidade material. Ao invés, é uma promessa de que, até mesmo em circunstâncias adversas, podemos compartilhar da vida de Deus, podemos permitir que a Sua vida possa fluir de nós, e podemos viver com uma profunda conscientização de propósito, significância, e valor.

A vida eterna é plenitude de vida, uma inclusão na vida da Trindade. Resume-se à comunhão no mais pleno sentido da palavra. Deus nos criou para a comunhão com Ele. Assim sendo, Ele não Se contenta em ver o sofrimento que nos mantém afastados d'Ele. Tão grande assim é o amor do Pai por nós; tão grande assim é o Seu compromisso para conosco que Ele Se tornou um de nós e pagou o sacrifício máximo para reverter todas as consequências do pecado e Ele quer restaurar-nos à plenitude de vida. E Ele faz isso voluntária e livremente. Isso é graça. Deus assumiu o compromisso para sempre com relação à causa humana, restaurando-nos completamente e levando-nos de volta à comunhão com Ele. Essa é a essência da salvação. Essa é a essência da vida eterna, e essa é a missão do Pai.

Karl Barth sumariza isso, afirmando que, em Sua graça, Deus está ao lado da humanidade em todos os aspectos. Deus está do nosso lado como nosso Criador, o qual teve a intenção e nos criou para que fôssemos muito bons. Apesar do nosso pecado, Deus está conosco, através de Jesus Cristo, reconciliando o mundo e atraindo-nos a Si mesmo num juízo misericordioso. Deus não apenas apaga o nosso pecado como se fosse irrelevante. Ao invés, Ele o coloca sob os Seus cuidados, restaurando, reconstruindo, e renovando as coisas. Deus nos encontra como Redentor e Aperfeiçoador, acenando do futuro, para mostrar-nos a plenitude de vida que Ele pretendeu desde o princípio e que Ele está cumprindo através de Cristo.[58]

Não podemos merecer a salvação. Não temos que nos esforçarmos por ela. Tudo o que podemos fazer é recebermos a dádiva, ou a graça já cumprida em Jesus. O *Abba* nos diz, uma vez mais: "Coloquei diante de você a vida e a morte, a bênção e a maldição. Portanto, escolha a vida."

Conclusão

No capítulo anterior, vimos que o sofrimento que vemos ao nosso redor não é a vontade do Pai. Mesmo assim, a Criação está destruída. Neste capítulo, dissemos que o Pai quer restaurar toda a Criação destruída ao Seu plano original. Para entendermos a salvação, precisamos primeiramente entender que o "pecado" vai muito mais profundamente do que simplesmente um comportamento ruim. Na verdade, como veremos nos próximos dois capítulos, um comportamento destrutivo é frequentemente um sintoma de um problema mais profundo. E o Pai não fica contente em abandonar-nos em nosso sofrimento. Ele fez algo a respeito!

Jesus estabelece claramente que o *Abba* não tem a intenção de condenar o mundo, mas de salvá-lo. Significa que Deus quer proteger-nos, libertar-nos, e restaurar-nos. A missão de Jesus claramente mostra um amoroso e afetuoso Deus que Se identifica com a nossa fraqueza e nos dá esperança. Ele nos ama tanto que tornou-Se um de nós – o Filho Encarnado, Jesus – para libertar-nos dos padrões destrutivos do nosso mundo.

Jesus levou sobre Si todas as consequências do nosso pecado, de uma vez por todas, para restaurar-nos por completo – plenitude em nosso ser, plenitude em nosso relacionamento com Ele, e plenitude em nossos relacionamentos uns com os outros. Crendo n'Ele, não temos que viver uma existência que perece e é destruída, mas podemos vivenciar uma plenitude de vida, assim como o Pai, Filho, e Espírito Santo a têm. Essa é a vida eterna, o tipo de vida de Deus, caracterizada por uma perfeita união e harmonia, abundância de amor, alegria, paz, apoio, e aceitação.

É o tipo de vida que Jesus nos disponibiliza, no aqui e agora. Essa é a missão do Pai, e são boas novas!

Essa é a essência do Evangelho, e Deus nos convida a participarmos da Sua dádiva. Ele quer que vivamos na plenitude que Ele possibilitou para nós. Deus nos chama para vivermos vidas santas. Abordaremos isso no próximo capítulo.

Reflexão

Você já considerou a extensão do amor de Deus por você? Talvez a sua vida não se pareça nada com a *muito boa* que Deus declarou que ela seria quando o criou. Talvez o seu coração esteja em pedacinhos ou as suas circunstâncias estejam numa total confusão. Você consegue aceitar que o Pai não Se contenta com o sofrimento, e que tampouco Ele tem a intenção de condená-lo? Ele quer restaurá-lo por completo. Converse com Ele sobre a sua situação. Peça que Ele lhe diga o que Ele vê, e como Ele quer restaurá-lo.

Você já levou em consideração que a *salvação* é muito mais do que perdão pelo seu mau comportamento? E muito mais do que um passaporte para o Céu? Você já conversou com Deus sobre áreas em sua vida que precisam de *salvação*? Pergunte-Lhe onde Ele vê sofrimentos que Ele quer curar. Talvez seja um problema de saúde; talvez seja um relacionamento; talvez seja emocional; talvez seja mental. Seja o que for, Jesus já levou sobre Si todo o seu sofrimento para que você pudesse ser totalmente restaurado.

Oração

"Pai, agradeço-Te pelo Teu amor por nós. Agradeço-Te pela maneira com que deste de Ti Mesmo para restaurar-nos por completo. Peço que me mostres se há alguma área da minha vida que esteja caída e que queres tocar. Mostra-me se há alguma área que eu esteja retendo de Ti. Mostra-me se há alguma área em que eu esteja me atendo ao sofrimento. Senhor, abro a minha vida a Ti. Peço que entres, que me toques, que me restaures por completo, que me purifiques, que me tragas de volta à comunhão contigo. Quero vivenciar a vida eterna. Quero vivenciar a vida ao máximo – vida como Tu a tens. Pai, agradeço-Te pela salvação. Obrigado por enviar a Jesus, o Teu Filho, para assumir todo o nosso pecado e as suas consequências, para restaurar-nos por completo. Jesus, recebo-Te novamente em minha vida. Recebo a Ti e a tudo que és. Recebo o Espírito Santo em minha vida para que Ele me transforme de dentro para fora. Entrego-Te o meu coração, e Te dou permissão para restaurar-me. Agradeço-Te por quem Tu és, e pelo Teu grande, maravilhoso amor por nós. Em nome de Jesus. Amém."

Discussão em Grupo

1. Qual é o significado de "salvação" e por que é importante que saibamos que ela é mais do que "um passaporte para o Céu"?

2. Com base nos versículos discutidos neste capítulo, como você explicaria a outra pessoa a missão do Pai?

3. Uma pergunta frequente na Igreja é se alguém pode perder a sua salvação. Com base no que vimos sobre a missão do Pai, como você responderia isso?

CAPÍTULO

O Pai e a Santidade

Sejam perfeitos, portanto, assim como o seu Pai Celestial é perfeito – Jesus

CAPÍTULO 6 - *O Pai e a Santidade*

Depois de quase perder o trem, o Kerry acomodou-se em seu assento, pronto para a viagem de três horas de Paris a Vichy, França, somente para perceber que algo estava errado com o seu bilhete. Pelo fato de que o Kerry não fala francês, ele dependia da bondade de estranhos para apontarem para ele, de plataforma a plataforma, até que ele finalmente encontrasse o trem certo. Agora, o homem do assento ao lado estava apontando para o bilhete do Kerry, dizendo: *"Première, première!"* O Kerry não havia percebido que o seu agente de viagens havia obtido bilhetes de primeira classe para ele. Grato pelo fato de que esse estranho havia tido a coragem de compartilhar essa informação, o Kerry pegou a sua bagagem e andou por vários vagões até alcançar o vagão da primeira classe, onde um confortável assento com comida e bebidas havia sido reservado para ele. Após algumas horas, ele chegou ao seu destino. O Kerry teria chegado a Vichy de qualquer forma – quer viajando num vagão de primeira classe ou de terceira classe, mas a jornada foi muito mais agradável quando ele desfrutou de todos os benefícios que o seu bilhete lhe forneciam.

De uma forma muito semelhante, quando pensamos na salvação em termos do nosso destino final, tudo o que precisamos fazer é confiarmos em Jesus e recebê-Lo como Senhor e Salvador. Temos o "passaporte" para o Céu. No entanto, como já vimos no capítulo anterior, há muito mais com relação à salvação do que apenas o nosso destino. Jesus forneceu a *vida eterna* para nós. Ele forneceu uma maneira para que pudéssemos desfrutar da plenitude de vida, mas temos um papel a cumprirmos nisso. A chave para vivenciarmos a *vida eterna* no aqui e agora é a santidade. Pelo fato de que o *Abba* quer o melhor para nós, Ele quer que tenhamos uma vida abundante. Assim sendo, Ele nos chama para sermos santos, assim como o Pai, Filho, e Espírito Santo são santos.

Chamados à Santidade

Em Levítico 11.44, Deus diz aos israelitas: *"Sejam santos, porque Eu sou santo."* Ele os relembrou que Ele é o Deus deles, e uma vez mais os chama à santidade:

> *"Porque Eu sou o Senhor que os tirei da terra do Egito para ser o seu Deus. Vocês, portanto, serão santos, pois Eu sou santo"* (Lv 11.45).

E, uma vez mais:

> *"Fale a toda a congregação do povo de Israel e diga-lhes: 'Vocês serão santos, porque Eu, o Senhor seu Deus, sou santo'"* (Lv 19.2).

Deus chamou a Israel para que fosse separado das nações circunvizinhas. Ele repetidamente os chamou a Si mesmo – para viverem num relacionamento com o seu Deus, para que não tivessem que agir como os pagãos ao seu redor. Vemos no Novo Testamento que Deus nos chama, até mesmo hoje, a vivermos vidas santas:

> *"Como filhos obedientes, não se conformem às paixões da sua antiga ignorância, mas, assim como Aquele*

> *que os chamou é santo, sejam vocês também santos em toda a sua conduta, uma vez que está escrito: 'Sejam santos, porque Eu sou santo'"* (1 Pe 1.14-16).

Quando você ouve esses versículos, que quadro vem à sua mente? Para muitos de nós, a imagem que vemos é a de um juiz apontando um longo dedo e dizendo: "Tome jeito, senão..." Se pensamos dessa forma, é porque entendemos erroneamente o problema do pecado e também a essência da santidade. Deus nos chama para sermos santos, assim como Ele é santo, mas erramos o alvo. Pecamos. O problema, no entanto, não é o comportamento em si. Precisamos de uma perspectiva correta com relação ao pecado antes que possamos adotar o chamado de Deus à santidade.

O Problema do Pecado

Para a maior parte da Igreja Ocidental, os nossos pensamentos com relação ao pecado foram formados num contexto legal romano. Dizemos que o pecado é quebrarmos a Lei, ou "errarmos o alvo". Focamos o comportamento e o medimos com relação ao que sabemos que é a vontade de Deus. Se não for equivalente, nós o chamamos de "pecado". Contudo, como foi descrito no Capítulo 1, a visão romana é uma percepção incompleta e distorcida da realidade. O significado de "pecado" na visão de mundo hebraica é a perda ou dano ao relacionamento. Em palavras simples, o pecado é a perda ou dano ao relacionamento com Deus. É separação de Deus, o que produz o sofrimento. Um "mau comportamento" ou uma ação pecaminosa são meramente os sintomas do sofrimento que resulta do nosso relacionamento com Deus quebrado. [59] Permita-me explicar como isso se sucede.

Como dissemos no Capítulo 1, uma visão errônea de Deus causa uma separação entre Deus e as Suas criaturas. Fomos criados para vivermos num relacionamento íntimo com o Pai, Filho, e Espírito Santo, mas, quando esse relacionamento é quebrado, tudo o mais é negativamente impactado. Esse problema remonta ao Jardim do Éden. Lemos em Gênesis como Adão e Eva comeram do fruto da Árvore do Conhecimento do Bem e do Mal. Ao fazerem isso, criaram uma separação entre eles e Deus. Colocaram os seus corações em algo mais além de Deus, para que fosse a sua fonte de conhecimento, sabedoria, proteção, e provisão. Ao fazerem isso, sentiram-se envergonhados. Ficaram com medo. Esconderam-se e se cobriram. Ao invés de confiarem no amor de Deus para protegê-los e suprir para eles, começaram a procurar maneiras de se protegerem a si mesmos, maneiras de restaurarem o que haviam perdido. Começaram a culpar um ao outro (até mesmo a Deus), e a agirem numa autopreservação. Essa história se repete vez após vez na história humana. Quando estamos separados de Deus, temos uma tendência de cuidarmos dos nossos próprios interesses. Essa separação de Deus, a qual resulta numa autossuficiência e egocentrismo, é a essência do pecado. [60]

Jesus explica que o que nos contamina não é o que fazemos, e sim a condição dos nossos corações que motiva as nossas ações:

> *"O que sai de uma pessoa é o que a contamina. Pois de dentro, do coração do homem, procedem pensamentos malignos, imoralidade sexual, roubos, homicídios,*

CAPÍTULO 6 - *O Pai e a Santidade*

> *adultérios, cobiças, maldades, enganos, sensualidade, invejas, calúnias, soberba, tolices. Todas essas coisas malignas vêm de dentro e contaminam a pessoa"* (Mc 7.20-23).

Quando vivemos no modo de autopreservação, acabamos agindo de maneiras que, em última análise, nos ferem. Por exemplo, fazemos automedicações e tornamo-nos dependentes (e às vezes viciados) de coisas para tentarmos esconder a dor. Para algumas pessoas, são drogas; para outras, talvez seja o álcool ou a comida, a promiscuidade ou a pornografia. Vivemos com o temor da falta. Assim sendo, fazemos o que for necessário para garantirmos para nós mesmos as coisas que achamos que precisamos. Mentimos, enganamos, ou roubamos a fim de protegermos a nós mesmos. Pelo fato de não confiarmos no amor de Deus, achamos que precisamos cuidar de nós mesmos e fazemos qualquer coisa para garantirmos que a nossa vontade seja feita. Todos esses comportamentos são o resultado do pecado, e, em última análise, nos ferem e ferem os nossos relacionamentos. Ao fazerem isso, roubam-nos de vivenciarmos a plenitude de vida que Deus deseja para nós.

A lente hebraica nos mostra que Deus não está primariamente preocupado com um comportamento certo ou errado, e sim com uma plenitude nos relacionamentos. Não significa que o nosso comportamento seja irrelevante ao Pai. É importante; muito importante. Há comportamentos que levam à vida, e há alguns comportamentos que levam à morte. Qual pai bom permitiria que o seu filho se jogasse de um penhasco? Qual pai bom permitiria que o seu filho brincasse no meio de uma rua com muitos carros passando? O *Abba* é um Pai bom, e Ele Se importa com o nosso comportamento, mas não para o Seu benefício próprio. Ele nos ensina o caminho que leva à vida e nos admoesta com relação aos caminhos que levam à morte. Mas é para o nosso benefício, e não d'Ele. Deus não perde os Seus atributos divinos com base em qualquer coisa que fazemos. Ele não precisa do nosso desempenho para que Ele seja Deus. Ele não precisa que sejamos bons para que Ele nos ame, como se Ele perdesse alguma coisa pelo fato de não sermos bons. Mas Ele de fato quer que escolhamos a vida. Ele quer que os Seus filhos vivam em santidade porque a santidade é a chave para vivenciarmos uma vida abundante.

Quando Deus nos diz *"Sejam santos porque Eu sou santo"*, Ele não está ordenando que controlemos o nosso comportamento. É mais no sentido de um convite. O quadro que Jesus pinta é o de um Pai que amorosamente olha para os nossos olhos, dizendo: "Venham a Mim. Eu quero santificá-los, assim como Eu sou santo." Voltaremos a isso mais tarde neste capítulo. Antes de chegarmos lá, precisamos explorar a santidade de Deus.

A Santidade de Deus

Ao levarmos em consideração a santidade a partir da nossa perspectiva, frequentemente achamos que a santidade consiste em colocarmos os pingos em todos os "Is" e cruzarmos todos os "Ts". Achamos que a santidade é a prática de observarmos uma longa lista de "faça isso e não faça aquilo". Quando esse é o caso, focamos o desenvolvimento de restrições externas e o desenvolvimento do nosso caráter e da nossa força de vontade. Medimos e julgamos uns aos outros com base no que consideramos ser um "bom comportamento". Mas quero que você se lembre que Deus nos chama para sermos santos, *assim como Ele é santo*. Você acha que Deus é santo porque Ele observa uma longa lista de "faça isso e não faça aquilo"? Será que Deus sai por aí exercitando a Sua força de vontade para fazer certas coisas e abster-Se de fazer outras? É claro que não! Precisamos considerar o que significa para Deus ser santo, à luz do que Ele é. É somente então que poderemos entender o que significa para *nós* sermos santos assim como *Ele* é santo.

A santidade de Deus pode ser entendida em três dimensões. Primeiramente, Deus é santo no sentido de que *Ele é singular, ou separado de todos os outros deuses*. Não há nenhum outro deus como o nosso Deus, que é Três-em-Um, relacional em Seu ser. Deus é amor, e não há nenhum outro deus como Ele. Todos os outros deuses servem a si mesmos e não têm nenhum relacionamento com a humanidade, exceto por esperarem que os seres humanos os apaziguem através de obras e adoração. Mas o nosso Deus é centralizado nos outros, amoroso, misericordioso e justo. Ele é singular, diferente de qualquer outro deus. Como tal, Deus é santo. Obviamente, esse aspecto da santidade de Deus não se aplica a nós.

Deus também é santo no sentido de que *Ele é diferente da Criação*. Ele está além do mundo que criou. Como Deus explica através do profeta Isaías:

> *"Porque os Meus pensamentos não são os vossos pensamentos, nem são os vossos caminhos os Meus*

> *caminhos, declara o Senhor. Porque assim como os céus são mais altos do que a terra, assim também os Meus caminhos são mais altos do que os vossos caminhos e os Meus pensamentos do que os vossos pensamentos"* (Is 55.8,9).

Muitas vezes, pensamos inconscientemente que Deus é uma versão muito melhor da humanidade, mas Ele não é apenas um Super-Humano. Ele é totalmente diferente. Ele é o Criador, e não o ser criado. Ele sustenta o Universo pela força do Seu poder. Ele é soberano sobre toda a Criação. Como tal, Deus é santo. Uma vez mais, esse aspecto da santidade de Deus não se aplica a nós.

Finalmente, Deus é santo no sentido de que *Ele é justo e totalmente reto em tudo o que faz.* Deus é sempre justo com as Suas criaturas. [61] Poderíamos dizer apropriadamente que Ele Se comporta reta e justamente, e, nesse sentido, somos chamados a sermos santos assim como Ele é santo. No entanto, precisamos entender que a santidade de Deus vai muito mais profundamente do que um comportamento. Deus não apenas escolhe *fazer* o bem. Tudo o que Ele faz *é* bom porque a bondade é a Sua natureza. O Pai, Filho, e Espírito Santo existem num perfeito relacionamento de amor. Como tal, Deus é completo em Seu ser. Deus não tem falta de nada. Ele não tem que proteger a Si mesmo. Deus não opera no modo de autopreservação. Tudo o que Deus faz é centralizado nos outros. Todas as Suas ações fluem da Sua plenitude ou integridade. Entendemos que a característica predominante da maneira de ser de Deus não é a santidade, e sim o amor. A santidade é uma expressão – um transbordamento natural – da Sua maneira de ser como um Deus relacional que é amor. Não conseguimos separar as duas coisas.

Deus é santo porque Ele é amor. E, de acordo com a santidade, o amor de Deus é incondicional. É importante que saibamos isso, ou entenderemos erroneamente o porquê e como Ele nos chama para sermos santos. Vamos analisar o amor de Deus da maneira com que se aplica à santidade.

O Amor Incondicional de Deus

Como já vimos em capítulos anteriores, Deus é por natureza amor infinito, centralizado nos outros, altruísta, transbordante. Deus criou tudo por amor. Ele sustenta o mundo através do amor, e Ele está numa missão de restauração do mundo porque Ele ama a Sua Criação. Pelo fato de que Ele criou você por amor, Ele ama você e o considera *muito bom*. O *Abba* Se relaciona com você com base em Seu amor incondicional e altruísta, e não com base no que você faz, e sim com base em Seu amor por você. As Escrituras são claras com relação a isso:

> *Deus mostra o Seu amor para conosco no fato de que,*
> *sendo nós ainda pecadores, Cristo morreu por nós"*
> (Rm 5.8).

O amoroso ato de Jesus com relação à Redenção deixa claro que Deus não esperou que remediássemos tudo. Ele não esperou que consertássemos as nossas ações. Ele não esperou que andássemos retamente e que consertássemos o nosso próprio sofrimento antes que Ele pudesse nos amar. Não! Ele nos amou primeiro, e Ele ainda nos ama. Nas famosas palavras de Brennan Manning, "o *Abba* ama a cada um de nós exatamente como somos, independentemente se mudarmos ou não uma única coisa com relação a nós mesmos. Ele nos ama assim como somos, e não como deveríamos, poderíamos ou seríamos." [62]

Fique sabendo o seguinte: o *Abba* nunca é repelido pelo seu comportamento, e Ele jamais o rejeitará com base no que você faz. Você não fez nada para merecer o amor de Deus, e você não poderá fazer nada para impedi-Lo de amá-lo. O nosso pecado não nos separa de Deus. Ao invés, é a separação de Deus que é a essência do pecado. Mas Jesus vem para restaurar-nos ao Pai, e, ao fazer isso, Ele nos faz absolutamente plenos. (Só para esclarecer: não estou advogando o universalismo. Pelo fato de que temos um livre arbítrio, podemos rejeitar a Deus e Seus caminhos. Essa rejeição tem consequências agora e na eternidade, mas a raiz do problema não é o comportamento, e sim a recusa de estarmos num relacionamento restaurado com Deus.). Como foi mencionado anteriormente, o Pai quer que você seja santo, não para o bem d'Ele, mas para o seu bem. Ele não está primariamente preocupado com o seu comportamento, mas com a sua plenitude. Nas palavras de Max Lucado, "Deus ama você exatamente como você é, mas Ele o ama demais para deixá-lo nessas condições." Podemos ter certeza disso, olhando para o ministério de Jesus.

A Santidade é Plenitude

Jesus viveu como judeu num contexto de rígida adesão à Lei. Os fariseus estudavam as Escrituras diariamente para observarem todo jota

CAPÍTULO 6 - *O Pai e a Santidade*

e til da Lei. Eles haviam desenvolvido um sistema da mais de 600 leis. O entendimento deles era que, se observassem a Lei meticulosamente, talvez fossem declarados justos. Achavam que a sua reta posição com Deus baseava-se numa perfeição comportamental. No entanto, Jesus corrige o pensamento deles:

> *"Vocês examinam as Escrituras, porque vocês acham que nelas vocês têm a vida eterna, e são elas que de Mim testificam; contudo, vocês se recusam a vir a Mim para que tenham vida"* (Jo 5.39-40).

Jesus declara que a vida não se encontra em seguirmos a letra da Lei. Ele próprio é o doador de vida, e o relacionamento é a chave. A vida eterna encontra-se, não num comportamento, e sim num relacionamento com Ele.

De acordo com as leis dos fariseus, eles tinham que manter-se longe de qualquer coisa impura, para que não ficassem contaminados e perdessem a sua santidade. Mas quando Jesus entrou em cena, Ele inverteu tudo isso. Ele não vivia pelas mesmas regras. Jesus não fugia dos pecadores. Ele permitiu que uma mulher pecadora O ungisse (Lucas 7.36-50). Ele comia com os coletores de impostos e pecadores (Mateus 9.10-13). Ele tocava os leprosos e não ficava impuro (Mateus 8.1-3). Pelo contrário, Jesus transmitia-lhes a Sua pureza. Jesus os restaurava. A santidade dos fariseus era externa. A santidade de Jesus fluía de dentro para fora e tinha o poder de purificar e restaurar qualquer que fosse a impureza que Ele encontrasse.

Os fariseus não conseguiam entender o comportamento de Jesus, e, assim sendo, eles O acusavam. Jesus respondia-lhes, esclarecendo que o padrão de perfeição era ainda mais alto do que achavam:

> *"Pois digo-lhes que a menos que a sua justiça exceda a dos escribas e fariseus, vocês jamais entrarão no Reino dos Céus"* (Mt 5.20).

Os versículos que se seguem mostram quão absolutamente impossível é guardarmos a Lei: o ódio é homicídio; a concupiscência é adultério; uma mudança de ideia é igual a quebrarmos um juramento, e assim por diante. Os ouvintes estariam esperando que Jesus declarasse uma total adesão à letra da Lei, mas Ele a levou mais longe ainda, dizendo que não é a letra da Lei, e sim o espírito por trás dela que importa. O Seu objetivo não era dar-nos mais regras ainda para considerarmos, e sim mostrar-nos que a retidão (um posicionamento correto diante de Deus) não é uma questão de comportamento, e sim de uma maneira de ser que não conseguimos alcançar por nós mesmos. Aí então Jesus concluiu tudo isso, dizendo:

> *"Vocês, portanto, precisam ser perfeitos, assim como o seu Pai Celestial é perfeito"* (Mt 5.48).

Talvez você esteja pensando: "Espere um minuto! Isso não parece certo. Parece que Jesus estabeleceu o padrão muito acima do que jamais poderíamos alcançar, e agora Ele nos ordena a correspondermos a isso!"

CAPÍTULO 6 - *O Pai e a Santidade*

Mas talvez Ele não esteja emitindo um mandamento, e sim uma promessa. Para entendermos o que Ele está dizendo, é de ajuda analisarmos a língua original.

A palavra traduzida como *perfeito* é a palavra grega *teleios*, que significa "levado à sua conclusão, terminado, que não tem falta de nada necessário para o completamento." [63] Nesse caso, a palavra que Jesus usou é traduzida como *perfeito*, mas o seu significado essencial é o mesmo da palavra *santo*. A palavra em inglês *holy* ("santo") deriva-se do inglês medieval *hal*, que também é a raiz das palavras "saúde, cura, e pleno". Tanto a palavra *perfeito* como a palavra *santo* retratam a plenitude do ser, e não o comportamento. Lembre-se que as ações de Deus fluem da Sua plenitude. Pelo fato de que Deus é pleno em Seu ser, Ele não busca os Seus próprios interesses. Tudo o que Deus faz é centrado nos outros. Quando o Pai nos diz para sermos santos, assim como Ele é santo, Ele está nos chamando a uma maneira de ser que resulte numa maneira plena de agirmos.

Jesus não está estabelecendo um padrão intransponível de comportamento, e sim refutando o padrão dos fariseus. Ele está esclarecendo que podemos ser santos, assim como Deus é santo, mas não com o nosso esforço próprio. Ao invés de imaginarmos Deus apontando o Seu dedo e dizendo "Tome jeito, senão...", podemos ver que Jesus está nos mostrando um Pai que olha amorosamente em nossos olhos, dizendo: "Você pode ser perfeito, portanto, assim como Eu sou perfeito." Jesus está dizendo: "Você pode ser pleno, assim como o seu Pai Celestial é pleno. É uma possibilidade real para você. Você não precisa permanecer num estado de sofrimento." Jesus nos chama a Si mesmo, e Ele nos santifica.

A Provisão de Deus para a Santidade

O Pai quer que sejamos plenos. Ele nos chama para sermos plenos, e Ele providenciou uma maneira de sermos plenos. O *Abba* nunca coloca o fardo sobre nós para que sejamos plenos por nós mesmos. Seria como dizermos a um aleijado: "Ande corretamente!" Por mais que ele tente, ele simplesmente não consegue fazê-lo. Às vezes abordamos a santidade dessa forma. Criamos muletas e as damos aos aleijados e dizemos: "Use-as e aí então você conseguirá andar corretamente." Mas o problema permanece. Talvez haja uma aparência de santidade, mas o problema persiste. Há um problema mais profundo que precisa ser resolvido. Deus não está interessado em que pareçamos plenos. Ele quer que sejamos plenos – e aí então poderemos andar conformemente.

O Pai não estabelece um conjunto de expectativas impossíveis para nós. Ao invés, Ele emite uma promessa. "Porque Eu sou santo, e porque você é Meu filho, a santidade é uma possibilidade real para você. À medida que você crescer num relacionamento comigo, você será santo, assim como Eu sou santo." Ele tem um compromisso tão grande com a nossa santidade que Jesus vem a nós na qualidade do que os Pais da Igreja Primitiva chamaram de "o Médico da Nossa Humanidade". Ele é o Grande Médico, que nos torna plenos. Jesus disse aos fariseus:

> *"Os que estão bem não têm necessidade alguma de um médico, mas só os que estão enfermos. Vão e aprendam o que significa: 'Eu desejo a misericórdia, e não o sacrifício.' Porque vim, não para chamar os justos, e sim os pecadores"* (Mt 9.12,13).

Jesus não é um médico qualquer. Ele não só vem, nos examina, determina o que está errado, nos dá uma receita médica, e nos deixa para que melhoremos à medida que seguimos as Suas instruções. Não! Ele próprio Se torna o paciente. Jesus tornou-Se humano e tomou sobre Si todo o nosso sofrimento, todo o nosso pecado, e todas as consequências das muitas escolhas que fazemos e que são contrárias à vontade do Pai. Ele, que sempre existiu num relacionamento pleno com o Pai, torna-Se um com a Sua Criação e restaura o relacionamento, a fim de que possamos ser feitos plenos num relacionamento com Deus. Não somos apenas curados através de Cristo, por causa da obra de Cristo, mas em Cristo e através d'Ele. [64]

Sermos plenos é uma possibilidade real, não por causa do nosso esforço próprio, nem por causa da nossa força de vontade, mas porque o próprio Jesus levou o nosso sofrimento e nos torna plenos. Quando recebemos a Jesus e aceitamos o que Ele fez por nós, inicia-se o processo de plenitude. O próprio Deus toma a iniciativa e nos dá o Espírito Santo para nos transformar de dentro para fora. Observe a promessa que Ele fez através do profeta Ezequiel:

> *"Espargirei água limpa sobre vocês, e vocês ficarão limpos de todas as suas impurezas, e de todos os seus ídolos Eu os purificarei. E lhes darei um coração novo, e um espírito novo colocarei dentro de vocês. E removerei o coração de pedra da sua carne e lhes darei um coração de carne. E colocarei o Meu Espírito dentro de vocês, e farei com que vocês andem em Meus*

> *estatutos e que tenham o cuidado de obedecerem às Minhas regras. Vocês habitarão na terra que dei aos seus pais, e vocês serão o Meu povo, e Eu serei o seu Deus"* (Ez 36.25-28).

Paulo nos mostra no Novo Testamento como o Espírito Santo é quem nos ensina como andarmos na novidade de vida que temos. Primeiramente, ele nos diz para operarmos a nossa salvação:

> *"Portanto, meus amados, assim como vocês sempre obedeceram, assim também agora, não somente em minha presença, mas muito mais em minha ausência, operem a sua própria salvação com temor e tremor..."* (Fp 2.12).

Se pegarmos esse versículo isoladamente, talvez achemos que operarmos a nossa salvação seja uma questão de escolha e força de vontade, mas temos que olhar para ele em seu contexto, porque Paulo explica como isso acontece:

> *"... porque é Deus que opera em vocês, tanto o querer como o efetuar para o Seu bom prazer"* (Fp 2.13).

Deus toma a iniciativa, e o Espírito Santo opera em nós para mudar os nossos desejos, a fim de que se conformem ao que o Pai deseja para nós. Não somente isso, mas o Espírito Santo também nos dá o poder para andarmos conformemente. Quando recebemos a Jesus e nos rendemos a Ele, e à medida que permitimos que o Espírito Santo opere em nós, Ele nos transforma de dentro para fora. O próprio Deus nos dá o poder para andarmos na nova vida que Jesus nos disponibilizou, e, assim sendo, não somos mais sujeitos aos desejos da nossa natureza antiga, caída e morta. A chave para andarmos em santidade é vivermos pelo Espírito:

> *"Mas digo: 'Andem pelo Espírito, e vocês não gratificarão os desejos da carne.' Porque os desejos da carne são contrários ao Espírito, e os desejos do Espírito são contrários à carne, porque opõem-se um ao outro, para impedir que vocês façam as coisas que vocês querem fazer. Mas se vocês são dirigidos pelo Espírito, vocês não estão sob a lei.*
> *Ora, as obras da carne são evidentes: imoralidade sexual, impureza, sensualidade, idolatria, feitiçaria, inimizade, contenda, ciúme, acessos de raiva, rivalidades, dissensões, divisões, inveja, bebedices, orgias, e coisas semelhantes a essas. Eu os admoesto, como já os admoestei anteriormente, que os que fazem essas coisas não herdarão o Reino de Deus.*
> *Mas o fruto do Espírito é amor, alegria, paz, paciência, benignidade, bondade, fidelidade, mansidão, autocontrole; contra essas coisas não há nenhuma lei"*
> (Gl 5.16-23).

Observe que Paulo não diz: "Tentem com muito afinco para que vocês não gratifiquem os desejos da natureza pecaminosa." Ele diz que, se vocês andarem pelo Espírito, vocês não ficarão presos por esses desejos. Se vocês andarem pelo Espírito, vocês andarão em santidade, produzindo os frutos do Espírito.

Conclusão

Neste capítulo, estabelecemos que santidade é plenitude, e que o Pai não está buscando o nosso comportamento, e sim a nossa plenitude. Isso pode ser claramente visto na história em que Jesus lida com uma mulher pega no ato de adultério. Em João 8.3-11, vemos claramente que o Pai não tem a intenção de nos condenar pelo nosso pecado. Quando os fariseus Lhe trouxeram uma mulher pega no ato de adultério, Jesus não a condenou. Obviamente, sabemos que Ele também lhe disse: *"Vá e não peque mais."* A nossa visão do Pai impacta a maneira com que interpretamos essa cena. Como interpretamos o que não foi dito é igualmente importante, ou talvez ainda mais importante daquilo que foi dito. Jesus diz: *"Vá e não peque mais."* E ponto final. Mas, ao lermos isso, até mesmo inconscientemente, pensamos: "Tudo bem. Jesus a amou incondicionalmente, como pecadora, porque o seu conhecimento era muito limitado. Mas agora que ela teve um encontro com Jesus, as regras do jogo mudaram." É como se preenchêssemos o script e ouvíssemos Jesus dizendo algo semelhante a: "Vá e não peque mais, ou pararei de amá-la. Já que agora você sabe mais das coisas, reterei o Meu amor de você até que você comece a comportar-se melhor." E se a mulher de fato retrocedesse e caísse no mesmo pecado novamente? Será que Jesus deixaria então de amá-la? Ou será que a amaria menos?

Frequentemente aplicamos o mesmo padrão às nossas vidas – ainda que subconscientemente. De alguma forma, atemo-nos a uma crença de que Jesus nos ama incondicionalmente até que O conheçamos. Mas, uma vez que entregamos as nossas vidas a Ele, as coisas mudam, e o Seu amor torna-se condicional. Vivemos sob a suposição de que, uma vez que somos d'Ele, Ele nos ama com base em nosso desempenho. Talvez não reconheçamos isso, mas é assim que isso frequentemente acontece na vida real. Pensamos: "Ok, Jesus me amou incondicionalmente quando eu era um pecador, mas agora que sou um santo, Ele espera que eu tenha um determinado desempenho, e aí então Ele realmente me amará." Mas como que o incondicional, infinito e transbordante amor de Deus pode ser medido quantitativamente?

O que está em jogo aqui é a plenitude. Como já dissemos, santidade é plenitude. A questão não é aceitação, e sim plenitude. Deus não nos ama mais nem menos com base no que fazemos. Ele é amor infinito, transbordante, centrado nos outros, incondicional. Ele não nos ama com base em nosso desempenho. Tampouco Ele deixa de amar-nos de acordo com o nosso comportamento. No entanto, como vimos no capítulo anterior, Ele quer que vivenciemos a vida eterna. Portanto, Jesus nos diz: "Por que você se ateria ao sofrimento? Por que você viveria abaixo da qualidade de vida que Eu providenciei para você? Se você insistir em ater-se ao seu sofrimento, não o amarei menos, mas você não vivenciará a vida eterna que vim para dar-lhe. Venha a Mim. Eu quero torná-lo pleno. E, quando Eu o fizer pleno, você não terá que continuar no seu pecado. Quando Eu o fizer pleno, você poderá viver a abundância de vida – vida eterna – da maneira que planejei para você."

Uma vez mais, a santidade não tem a ver com desempenho com o objetivo de agradarmos a Deus – a fim de que Deus Se agrade de nós; a fim de que Deus nos aceite; ou a fim de que Deus nos ame. Santidade tem a ver com sermos plenos, de nos achegarmos a Ele e permitirmos que Deus, o Médico da nossa humanidade, nos faça plenos. E, nessa plenitude, não teremos que continuar em nosso pecado. Jesus veio para curar o nosso sofrimento para que não tivéssemos que continuar mais no pecado. Essas são as Boas Novas! Não estamos mais sujeitos ao pecado. Estamos agora livres da lei do pecado e da morte; e podemos de fato vivenciar a plenitude e a vida eterna. Fomos vivificados com Cristo e o próprio Espírito Santo vem ao nosso lado para ajudar-nos a andarmos em novidade de vida.

O Pai está dizendo a você: "Por que você continuaria vivendo de acordo com o padrão do seu antigo ego? Por que você se contentaria com qualquer coisa inferior à plenitude de vida que Eu providenciei a você? Venha, permita-Me que Eu o faça pleno. Quero trazê-lo a Mim, restaurá-lo, torná-lo pleno, e aí então enchê-lo com o Meu Espírito Santo para que você caminhe na plenitude da santidade." Isso é o que o Pai diz ao emitir o convite: *"Sejam santos, assim como Eu sou santo."* É uma gloriosa promessa e um grandioso convite. Você o aceitará?

Reflexão

Você sabia que o Pai o ama incondicionalmente? Que figura vem à mente quando você ouve Deus dizendo: *"Sejam santos, porque Eu sou santo"*? Você já se sentiu como se Ele estivesse retendo o Seu amor de você por causa de alguma coisa que você fez (ou não fez)? Você ficou com medo de vir a Ele? Considere o quanto que Ele o amou enquanto você ainda estava separado d'Ele. Ele o amou tanto que enviou o Seu Filho Unigênito para que você pudesse ser reconciliado. O amor de Deus é muito maior do que você consegue imaginar. Você pode entrar confiantemente em Sua presença. Ele está pronto para recebê-lo de braços abertos.

Nesse lugar, no abraço do Pai, pergunte-Lhe se há quaisquer áreas em que você esteja se atendo a padrões de autopreservação. Pergunte-Lhe se há áreas que Ele quer que você Lhe entregue. Será que há um comportamento específico, vício, ou atitude com os quais você esteja lutando? Peça que o Pai lhe mostre a raiz, e convide o Espírito Santo a entrar, curá-lo, e transformá-lo de dentro para fora.

Oração

"Pai, obrigado por amar-me incondicionalmente. Obrigado por não reter o meu pecado contra mim, mas por providenciar uma maneira de eu estar reconciliado contigo. Confesso que há áreas em minha vida que não confiei a Ti. Quero dar-Te todo o meu ser. Abro o meu coração a Ti e recebo o Teu perdão e o Teu amor, que me torna pleno. 'Sonda-me, Deus, e conhece o meu coração; prova-me e conhece os meus pensamentos ansiosos. Vê se há algum caminho ofensivo em mim, e guia-me no caminho eterno' (Sl 139.23,24). Enche-me com o Teu Espírito Santo e ensina-me como andar em Teus caminhos. Eu Te dou permissão para mudar os meus desejos e conformá-los aos Teus. Opera em mim tanto o querer como o efetuar a Sua boa vontade (Filipenses 2.13). Recebo tudo o que tens para mim, e entrego a minha vida a Ti. Em nome de Jesus. Amém."

Discussão em Grupo

Leia as seguintes histórias dos Evangelhos em que Jesus interagiu com pecadores:

- João 8.3-11 – A mulher pega em adultério

- Lucas 7.36-50 – A mulher pecadora unge Jesus

- Mateus 9.10-13 (ou Marcos 2.15-17) – Jesus jantando na casa de um coletor de impostos

1. Qual foi a Sua atitude?

2. Como a santidade de Deus é expressa na interação de Jesus com pecadores?

3. Se quisermos ser santos, assim como Ele é santo, qual deveria ser a nossa atitude com relação aos pecadores – os que estão sofrendo?

CAPÍTULO

O Pai e os Relacionamentos

"'Ame o Senhor seu Deus de todo o seu coração e de toda a sua alma e de toda a sua mente.' Esse é o primeiro e maior mandamento. E o segundo é semelhante a ele: 'Ame ao seu próximo como a você mesmo.' Toda a Lei e os Profetas dependem desses dois mandamentos."
— Jesus

CAPÍTULO 7 - *O Pai e os Relacionamentos*

Eu nunca soube quão doloroso os relacionamentos quebrados poderiam ser até que encontrei-me boquiaberta com relação à reação de minha sogra contra mim depois da morte de seu filho. Ela havia vindo da Argentina para ficar conosco durante vários meses – os últimos meses da batalha do meu falecido marido contra um câncer. Foi uma época desafiadora em que o Hannibal entrava e saía do hospital, fraco e com muitas dores. O fato de termos a Adelina conosco foi um alívio muito bem-vindo. A presença dela foi uma bênção. Estou convencida de que nada se compara com os cuidados de uma mãe com o seu filho que está morrendo. Nesses meses, choramos, rimos e oramos junto, enquanto nos revezávamos tentando fazer com que o Hannibal ficasse tão confortável quanto humanamente possível. Eu estava confiante de que compartilhávamos de uma intimidade singular devido ao que havíamos passado junto, o que tornou as coisas ainda mais difíceis. Na noite em que o Hannibal faleceu, ela pegou as suas coisas, saiu da nossa casa, dizendo somente que ela acreditava que eu havia parado de amar o Hannibal e que eu era responsável pela sua morte; e que ela não queria ver-me novamente. Ela foi ao funeral do Hannibal, mas não conversou comigo. A dor foi insuportável. Eu não somente estava lamentando a morte do meu marido, mas também tive que lidar com a sua acusação. Eu não conseguia começar a imaginar o que eu havia feito para provocar tal reação. Todas as vezes eu que a via eu sentia um punhal transpassando o meu coração.

A minha inclinação era orar pela vindicação de Deus. Afinal de contas, ela estava sendo injusta ao julgar-me. Certamente o Senhor corrigiria a situação e revelaria que eu estava "certa". Eu esperava que a Adelina tivesse uma súbita mudança de coração e viesse arrependida suplicando pelo meu perdão. Eu estava esperando que Deus operasse nela, e aí então que ela desse o primeiro passo na direção da reconciliação. Para minha surpresa, as palavras de Jesus me mostraram algo totalmente diferente:

> *"Façam o bem aos que os odeiam; abençoem os que os maldizem; orem pelos que abusam de vocês"*
> (Lc 6,27,28).

Jesus estava me chamando a não somente perdoar, mas a abençoar e orar pela Adelina. Foi difícil. Contudo, eu sabia que Deus não me pediria para fazer algo só para testar-me, para ver se eu seria obediente. Como já vimos, Deus não estabelece regras e regulamentos arbitrários para o Seu benefício próprio. Qualquer coisa que Ele pede que façamos pode ser rastreada à Sua maneira de ser e ao Seu desejo que desfrutemos da plenitude de vida. Eu lhe contarei a conclusão da história com a Adelina ao concluirmos este capítulo, mas primeiramente queremos explorar a visão do Pai com relação aos relacionamentos, a qual tem um impacto direto sobre como nos relacionamos com Ele e uns com os outros, e se desfrutaremos da plenitude de vida que Ele deseja para nós.

As Diretrizes Relacionais de Deus: os Dez Mandamentos

Não deveria nos surpreender o fato de percebermos que Deus nos dá diretrizes explícitas, em todas as Escrituras, sobre como deveríamos viver. Desde as Suas primeiras intervenções com o povo de Israel, Ele esclarece as Suas intenções:

> *"Eu chamo o Céu e a terra para testificarem contra vocês hoje, que coloquei diante de vocês a vida e a morte, a bênção e a maldição.*
>
> *Portanto, escolham a vida, para que vocês e os seus descendentes vivam"* (Dt 30.19).

"Escolham a vida", diz Ele. Deus quer que façamos boas escolhas para que vivenciemos uma plenitude de vida. No entanto, sejamos claros: o amor de Deus por nós e o Seu desejo de abençoar-nos são incondicionais. Ele nunca retém o Seu amor de nós, independentemente do que façamos. Como Wess Pinkham diz, "com Deus não há nenhuma rejeição; somente redireção." Não estou dizendo que o nosso comportamento não é importante. É importante. Há coisas que podemos fazer que nos impedem de recebermos o Seu amor e bênçãos. Se escolhermos viver as nossas vidas independentemente d'Ele, não desfrutaremos dos benefícios de sermos filhos em Sua família – não porque Deus os esteja retendo, mas por causa da nossa postura de recusa. Se não O quisermos, não desfrutaremos o que Ele livremente dá. Portanto, podemos entender que, quando Deus nos chama para sermos santos, Ele não está dizendo: "Aja corretamente, senão...!", mas Ele está nos chamando à plenitude. Ele está pintando um quadro para nós do que as nossas vidas podem ser quando aceitamos o Seu convite para participarmos da vida da Trindade. Ele quer que vivenciemos uma plenitude de vida, e essa vida somente é vivenciada em relacionamentos plenos e saudáveis – com Ele e uns com

os outros. Lembre-se que, na visão de mundo hebraica, pecado é a perda ou dano do relacionamento. Significa que podemos olhar para todas as leis que Deus nos deu através das lentes dos relacionamentos. Essa é a essência de todos os Dez Mandamentos (Êxodo 20.1-17).

Sempre pensamos neles como mandamentos por causa do subtítulo que vemos em nossas traduções em inglês. No entanto, no texto hebraico original, há as "Dez Palavras". [65] Ao enumerá-las, as traduções em inglês usam a palavra *shall*, que não é necessariamente uma palavra no imperativo. Ela pode ser usada para denotar um mandamento ou uma exortação, mas também pode denotar o que é inevitável ou que parece provável de acontecer no futuro. [66] Seria possível, então, que essas palavras não sejam tão "prescritivas" quanto são "descritivas"? Não estou sugerindo que essa seja a interpretação definitiva do texto original (deixo isso aos estudiosos da Bíblia), mas, através de uma lente relacional, talvez Deus não esteja nos dando um fardo de desempenho, e sim, ao invés, Ele esteja pintando um quadro de como é uma plenitude relacional. Pense nisso:

> *"Eu sou o Senhor teu Deus... Não terás outros deuses diante de Mim"* (Êx 20.2,3).

Poderíamos entender isso como uma admoestação: "Não tenha nenhum outro deus, senão..." Mas talvez não seja tanto uma admoestação quanto uma promessa. Observe que o Pai começa, relembrando os ouvintes sobre quem Ele é e a natureza do relacionamento que compartilham. Ele está definindo o contexto para que possamos ouvi-Lo dizendo, nas entrelinhas: "Se você Me conhecer e receber o Meu amor, você não terá nenhum outro deus. Por que você teria? Eu sou o *El Shaddai*, o Todo-Suficiente (Gn 17.1). Eu sou o único Deus que você para sempre precisará." O *Abba* está nos convidando a conhecê-Lo e a confiarmos n'Ele. Quando fizermos isso, não teremos nenhum outro deus:

> *Não farás para ti imagem de escultura, ou nenhuma semelhança de nada que esteja acima nos céus, ou que esteja embaixo na terra, ou que esteja nas águas sob a terra. Não te prostrarás diante deles nem os servirás, pois Eu o Senhor teu Deus sou um Deus zeloso, que visita a iniquidade dos pais sobre os filhos até à terceira e quarta geração dos que Me odeiam, mas mostro misericórdia a milhares dos que Me amam e guardam os Meus mandamentos"* (Êx 20.4-6).

Uma vez mais, podemos entender isso como uma admoestação: "Não faça imagens de escultura, senão..." Mas talvez o *Abba* esteja nos mostrando como é a vida quando O conhecemos e vivemos num relacionamento saudável com Ele: "Se você Me conhecer e receber o Meu amor, você saberá que não há nenhum deus como Eu. Você não procurará substitutos para receber o que você precisa. Por que você faria isso? Se você Me conhece, você sabe que Eu cuido de todas as suas necessidades. Um ídolo não pode amá-lo como Eu o amo. Eu Me deleito em mostrar-lhe o Meu inabalável amor ." O *Abba* está nos convidando a conhecê-Lo e a confiarmos n'Ele. Quando fizermos isso, não faremos para nós imagens de escultura, nem nos prostraremos a nenhum outro deus:

> *"Não tomarás o nome do Senhor teu Deus em vão, pois o Senhor não terá por inocente quem tomar o Seu nome em vão"* (Êx 20.7).

Esse talvez seja o mandamento que é mais mal entendido. Podemos entender que ele significa: "Se você usar o Meu nome de uma maneira desonrosa, Eu o punirei." No entanto, usar o nome do Senhor em vão tem a ver com reivindicar os benefícios do relacionamento sem um verdadeiro relacionamento. Significa usá-lo por causa do seu poder e ao mesmo tempo ignorar o relacionamento através do qual Deus opera por nós. Vemos um exemplo disso na história dos sete filhos de Sceva, os quais estavam tentando expulsar demônios, dizendo: *"Nós os esconjuramos pelo Jesus que Paulo proclama..."* (At 19.11-16). Eles sabiam que o nome de Jesus tinha poder, mas não conheciam Jesus pessoalmente. Estavam usando o Seu nome em vão, pois o poder não está no nome em si, mas na Pessoa de Jesus. A autoridade delegada que temos vem em virtude do nosso relacionamento com Jesus. Portanto, Deus está dizendo: "Se você quer que a sua culpa seja removida, venha a Mim, e Eu o perdoarei e o restaurarei, porque o amo. Isso é baseado no relacionamento, e não no fato de você usar o Meu nome como um mantra. O Meu nome em si não tem o poder para salvar, mas, quando você Me invocar, Eu o salvarei. Não apenas invoque o Meu nome. Venha a Mim." O *Abba* está nos convidando a conhecê-Lo e a confiarmos n'Ele. Quando fazemos isso, desfrutamos dos benefícios da Sua grande misericórdia, paciência, e benevolência.

> *"Lembra-te do dia do Sábado, para santificá-lo. Seis dias trabalharás, e farás todo o teu trabalho, mas o sétimo dia é um Sábado ao Senhor teu Deus. Nele não farás nenhum trabalho – tu, ou o teu filho, ou a tua filha, o teu servo, ou a tua serva, ou o teu gado, ou o viajante que está dentro dos teus portões. Pois em seis dias o Senhor fez os céus e a terra, os mares, e tudo o que neles há, e descansou no sétimo dia. Portanto, o Senhor abençoou o dia do Sábado e o santificou"*
> (Êx 20.8-11).

Uma vez mais, podemos entender isso como uma admoestação. "Não trabalhe no Sábado, senão..." Mas talvez o Pai esteja nos mostrando uma forma de vivermos. Ele diz: "Se você Me conhecer e tiver um relacionamento pleno comigo, você não morrerá de tanto trabalhar, mas você saberá que Eu sou o seu provedor. Você poderá tirar um dia de descanso para desfrutar de um relacionamento comigo e com a sua comunidade. Esse dia de descanso será um sinal para relembrá-lo que Eu santifico você (Ezequiel 20.12)." O *Abba* está nos convidando a conhecê-Lo e a confiarmos n'Ele. Quando fizermos isso, poderemos descansar.

As primeiras quatro "palavras" são verticais por natureza; descrevem como é uma vida de santidade em termos do nosso relacionamento com Deus. Não guardamos os mandamentos a fim de estarmos corretamente relacionados; pelo contrário, pelo fato de estarmos corretamente relacionados, cumprimos as diretrizes relacionais de Deus. O relacionamento vem primeiro; o comportamento é o resultado natural de um relacionamento pleno.

As próximas seis "Palavras" são horizontais por natureza e descrevem como são os relacionamentos plenos entre os seres humanos ou seus semelhantes. Como veremos no próximo capítulo, esses também são cumpridos quando estamos corretamente relacionados com Deus. Por enquanto, eu simplesmente quero que você veja que o *Abba* pinta para nós um quadro de uma vida de santidade – uma vida de plenitude – e tem tudo a ver com relacionamentos. Vamos fazer uma breve análise dos últimos seis Mandamentos (ou "Palavras"):

> *"Honra teu pai e tua mãe, para que os seus dias sejam longos na terra que o Senhor teu Deus está te dando"* (Êx 20.12).

Você não conseguirá vivenciar uma plenitude de vida se você desonrar as pessoas mais próximas de você, as pessoas que lhe introduziram neste mundo. Honra o seu pai e a sua mãe, e as coisas irão bem com você.

> *"Não matarás. Não adulterarás. Não roubarás. Não darás falso testemunho contra o teu próximo. Não cobiçarás a casa do teu próximo; não cobiçarás a esposa do teu próximo, ou o seu servo, ou a sua serva, ou o seu boi, ou o seu jumento, ou qualquer coisa que é do teu próximo"* (Êx 20.13-17).

Por que Deus nos admoesta com relação ao homicídio, adultério, roubo, falso testemunho, e a cobiça? Não são às ações em si que Deus é contrário. Ele está nos admoestando contra qualquer coisa que prejudique o nosso relacionamento com os outros. Quando matamos, acabou o relacionamento. Quando há adultério, a confiança é quebrada, o que prejudica o relacionamento. É impossível termos um relacionamento pleno com alguém se o roubamos, ou uns com os outros se mentimos sobre os outros. Quando cobiçamos o que os outros têm, criamos uma barreira de separação entre eles e nós. Todas essas atitudes e comportamentos prejudicam os nossos relacionamentos. E Deus diz: "Você não poderá desfrutar a vida se você se separar de outras pessoas."

Quando Deus nos dá diretrizes relacionais – com relação a Ele e uns com os outros – Ele o faz para introduzir-nos numa vida de santidade em que podemos desfrutar plenamente da Sua bênção. Antes de analisarmos mais as diretrizes relacionais de Deus, eu preciso abordar um desafio que enfrentamos em nossa cultura: o problema do individualismo.

O Problema do Individualismo

Por que Deus é tão inflexível com relação à necessidade de relacionamentos plenos? Porque refletem a Sua maneira de ser. Como vimos no Capítulo 2, fomos criados à imagem de Deus. Uma maneira com que refletimos a Sua imagem é que somos seres com três partes: espírito, alma, e corpo. [67] Mas o mais importante é que fomos criados à imagem de Deus, como seres relacionais. Podemos dissecar o nosso ser, estudar o nosso espírito, alma e corpo, mas, se não temos relacionamentos saudáveis, não somos plenamente humanos (na *Imago Dei*). Se a maneira de ser de Deus é no relacionamento, segue-se que fomos criados para o relacionamento também, tornando impossível concebermos os seres humanos como entidades isoladas, individuais. Como Rowan Williams declara, "sermos plenamente humanos significa sermos recriados à imagem da humanidade de Cristo; e essa humanidade é a perfeita "tradução" humana do relacionamento do eterno Filho com o eterno Pai, um relacionamento de um amoroso e encantador altruísmo, um derramar de vida para com o Outro." [68] Significa que somente nos realizamos em nossa personalidade no contexto de relacionamentos saudáveis e plenos – tanto com Deus como uns com os outros. [69] Vimos como o Pai deseja que vivenciemos uma plenitude de vida – uma vida como o Pai, Filho, e Espírito Santo a têm. Essa é a vida *perichorética*, que é a vida no relacionamento. Relacionamentos plenos não são opcionais; são essenciais para vivenciarmos a vida eterna.

Infelizmente, vivemos numa cultura que valoriza o individualismo (explicamos as suas origens no Capítulo 3), e o seu valor arraigado tem impactado o nosso entendimento da doutrina cristã, para detrimento da relacionalidade. A linguagem que usamos, por mais bem intencionada que possa ser, atrapalha o nosso entendimento da importância dos relacionamentos.

Em termos de salvação, achamos que isso tem a ver com o indivíduo. Usamos frases como: "Se você fosse a única pessoa no planeta, Jesus teria morrido por você." Ainda que isso possa ser verdade, se entendêssemos o significado total da salvação, saberíamos que não somos plenamente salvos em isolamento dos outros. Somos feitos plenos num relacionamento com Deus e restaurados no relacionamento com os nossos semelhantes humanos. É somente então que poderemos vivenciar a vida eterna.

Em termos de perdão, enfatizamos a necessidade de as pessoas se arrependerem e receberem o perdão de Deus, mas não damos necessariamente a mesma atenção à necessidade de nos arrependermos e sermos perdoados por aqueles que ofendemos, ou de perdoarmos e abençoarmos os que nos ofenderam, para que o relacionamento possa ser restaurado. Achamos que contanto que estejamos bem com Deus, tudo o mais estará bem. Achamos que as pessoas são dispensáveis. Assim sendo, não fazemos o trabalho difícil de lidarmos com confrontações. Parece mais fácil dispensarmos uns aos outros e seguirmos adiante. Mas isso ignora o fato de que não somos plenamente humanos exceto quando vivenciamos a vida no contexto de relacionamentos plenos – tanto com Deus como uns com os outros.

Interpretamos as Escrituras através de uma lente individualista e consideramos o discipulado como uma busca individual de maturidade espiritual. Lemos versículos como:

> *"Vocês estão completos n'Ele, que é a cabeça de todo principado e potestade"* (Cl 2.10 – NKJV).

E os interpretamos como que significando algo semelhante a: "Estou completo: Jesus e eu. Temos o nosso próprio relacionamento em andamento, e não preciso de ninguém ou nada mais." Mas, neste versículo, a palavra está na segunda pessoa do plural. *"Vocês estão completos n'Ele."* Em seu contexto, Paulo está abordando o grupo com relação à sua preocupação de que eles fossem encorajados e entretecidos em amor. Ele sempre pensa e fala ao Corpo de crentes, e não a indivíduos. A implicação é que somos completos n'Ele, como Corpo de Cristo. Nenhum de nós é completo isoladamente das outras pessoas, mas somente num relacionamento mútuo.

Anteriormente nesta carta, Paulo diz:

> *"Portanto, assim como vocês receberam a Cristo Jesus o Senhor, assim também andem n'Ele, arraigados e edificados n'Ele e estabelecidos na fé, exatamente como vocês foram ensinados, abundando em ação de graças"* (Cl 2.6,7).

Para que não achemos que a palavra "vocês" aqui se refere a indivíduos, precisamos analisar Efésios 4, onde o próprio Paulo explica como que somos *"edificados n'Ele estabelecidos na fé"*:

> *"E Ele deu os apóstolos, os profetas, os evangelistas, os pastores e mestres, para equiparem os santos para a obra do ministério, para a edificação do Corpo de Cristo, até que todos nós alcancemos a unidade da fé e o conhecimento do Filho de Deus, a hombridade amadurecida, a medida da estatura da plenitude de Cristo, para que não sejamos mais crianças... Ao invés, falando a verdade em amor, devemos crescer de todas as formas n'Aquele que é a cabeça, em Cristo,*

> *do qual todo o Corpo, unido e mantido junto por todas as juntas com as quais é equipado, quando cada parte está operando apropriadamente, faz com que o Corpo cresça a fim de que se edifique em amor"* (Ef 4.11-16).

Observe o uso por Paulo de *"Corpo de Cristo"* e *"todos nós"*. Ele está falando de todo o Corpo, e não de suas partes individuais. Com isso corretamente interpretado, vemos que não vivenciamos a plenitude da salvação como indivíduos; não vivenciamos a plenitude da vida sem os outros, e não conseguimos crescer à maturidade espiritual sozinhos. Precisamos uns dos outros. Relacionamentos plenos não são opcionais; são essenciais para vivenciarmos a vida eterna.

Ben Campbell Johnson traduz as famosas palavras de Jesus da seguinte maneira:

> *"Vocês devem dar prioridade máxima à dimensão do Espírito e estabelecer os seus relacionamentos da maneira correta. Quando vocês obtiverem uma perspectiva apropriada, essas outras coisas se resolverão por si só"* (Mt 6.33).

A prioridade no Reino de Deus é a relacionalidade. Portanto, toda a Lei e os Profetas apontam para a necessidade de relacionamentos plenos e saudáveis. Jesus disse isso da seguinte maneira:

> *"Assim sendo, tudo o que vocês desejam que os outros lhes façam, façam também a eles, pois essa é a Lei e os Profetas"* (Mt 7.12).

O *Abba* quer que vivenciemos uma plenitude de vida, e, contrariamente às nossas noções culturais sobre o individualismo, Ele nos ensina que essa vida somente é vivenciada em relacionamentos plenos e saudáveis – com Ele e uns com os outros. Ele nos mostra como vivermos, e Ele nos dá o Espírito Santo e o poder para vivermos na plenitude de vida que Jesus nos dá. Vamos agora explorar mais das diretrizes relacionais de Deus, como foi demonstrado por Jesus e ensinado pelos escritores do Novo Testamento. No próximo capítulo, abordaremos como o Espírito Santo nos capacita a vivenciá-las.

As Diretrizes Relacionais de Deus

Jesus disse que o primeiro e maior mandamento é *"amarás o Senhor teu Deus"* (Mateus 22.37,38), e o segundo é *"amarás o teu próximo como a ti mesmo"* (Mt 22.39). Portanto, precisamos começar, esclarecendo o que Ele quer dizer com "amar". Como exploramos no Capítulo 1, a nossa cultura tem sido impactada pelas visões de mundo romana e grega. Através da lente romana, achamos que o amor é uma escolha – algo que fazemos por obrigação. No entanto, se o "amor" é por obrigação, será que é realmente amor? A lente grega pinta o amor como um sentimento, uma emoção. Os filmes de Hollywood têm acentuado essa noção do amor que depende de "faíscas" ou de "química". Mas, através da lente hebraica, entendemos que o amor não é nem uma escolha nem um sentimento, e sim uma vida compartilhada; uma maneira de ser de uns com os outros. O próprio Deus é a mais pura expressão do amor. O amor é a maneira com que o Pai, Filho, e Espírito Santo são com, para, e com relação a Um com o Outro, e, por extensão, com, para, e com relação a tudo o que criaram. Paulo descreve o amor em sua forma mais pura:

> *"O amor é paciente e bondoso; o amor não tem inveja nem se gaba; não é arrogante nem rude. Não insiste que a sua própria vontade seja feita; não é irritante nem ressentido; não se alegra com o mal, mas regozija-se com a verdade. O amor suporta todas as coisas, crê em todas as coisas, tem esperança em todas as coisas, sofre todas as coisas"* (1 Co 13.4-7).

Esse é o amor do Pai para conosco. Ele é paciente e bondoso conosco. Ele está sempre buscando dar, e não receber. Ele não pretende o Seu autoengrandecimento, mas torna-Se o mais humilde dos servos pelo bem da humanidade. Deus não insiste que a Sua própria vontade seja feita; Ele nos dá um livre arbítrio, até mesmo se isso Lhe custar o maior sacrifício já conhecido. O Pai não guarda nenhum registro de transgressões. Assim como o leste é longe do oeste, assim também Ele removeu as nossas transgressões de nós. O *Abba* crê no melhor com relação a nós, está sempre do nosso lado, crendo em todas as coisas, com a esperança de que nos acheguemos a Ele e recebamos o Seu amor. Ele está incansavelmente nos buscando até que O busquemos também.

Assim como vemos nesta passagem, a natureza do amor é centrada nos outros. Deus expressa o Seu amor por nós de muitas maneiras. Semelhantemente, há muitas maneiras com que ativamente amamos uns aos outros, como foi descrito em todas as Epístolas:

"Esperem uns pelos outros" (1 Co 11.33). *"Permitam que os outros tenham a prioridade. Sirvam a eles antes de servirem a si próprios. Cuidem uns dos outros"* (1 Co 12.25). *"Considerem que vocês fazem parte do mesmo Corpo. Chorem com os que choram e regozijem-se com os que se regozijam. Tenham compaixão uns dos outros"* (1 Pe 3.8). *"Mostrem hospitalidade uns aos outros. Usem os dons que vocês têm para servirem uns aos outros"* (1 Pe 4.9,10). *"Encorajem uns aos outros"* (1 Ts 4.18). *"Suportem uns aos outros. Perdoem uns aos outros"* (Cl 3.13; Ef 4.32). *"Submetam-se uns aos outros"* (Ef 5.21; 1 Pe 5.5). *"Carreguem os fardos uns dos outros"* (Gl 6.2). *"Encorajem uns aos outros ao amor e às boas obras"* (Hb 10.24). *"Confessem os seus pecados uns aos outros e orem uns pelos outros"* (Tg 5.16). *"Amem uns aos outros. Excedam uns aos outros na demonstração de honra"* (Rm 12.10). *"Vivam em harmonia uns com os outros"* (Rm 12.16). *"Não julguem uns aos outros"* (Rm 14.13). *"Edifiquem uns aos outros"* (1 Ts 5.11). *"Instruam uns aos outros"* (Rm 15.14). *"Recebam uns aos outros"* (Rm 15.7).[70]

A intenção aqui não é de uma lista completa, mas sim dar-nos uma ideia de que amarmos uns aos outros é algo ativo. Tem sido dito, e devidamente, que amar é um verbo. Deus nos chama para sermos intencionais com relação a amarmos uns aos outros, até mesmo de maneiras caras. E Jesus nos mostra como é isso. Vamos explorar algumas características do amor de Deus em ação.

Características do Amor

Em João 4.1-26, vemos um encontro entre Jesus e uma mulher samaritana, o que nos mostra que Jesus não faz acepção de pessoas. Ele não discrimina nem condena, mas procura maneiras de conectar-Se com as pessoas e está pronto para dar o que Ele tem para torná-las plenas.

> *"Uma mulher de Samaria veio para tirar água. Jesus lhe disse: 'Dá-Me de beber' (Porque os discípulos haviam ido à cidade para comprarem comida.). A mulher samaritana Lhe disse: 'Como que Você, sendo judeu, pede de beber a mim, uma mulher de Samaria?' (Porque os judeus não têm nenhum relacionamento com os samaritanos.)"* (Jo 4.7-9).

Pelo fato de conversar com ela, Jesus estava quebrando todas as convenções sociais dos Seus dias. Não era apropriado que um homem falasse com uma mulher em público, e nem para um judeu falar com um samaritano. Mas Jesus não fazia acepção de pessoas. [71] Quando normas culturais criavam barreiras entre as pessoas, Jesus as quebrava. O Seu amor não era condicionado por gênero, raça, ou cultura. Ele não buscava as coisas que criassem separação. Ao invés, Ele buscava maneiras de conectar-Se com os outros.

> *"Jesus lhe disse: 'Vá chamar o seu marido e venha aqui.' A mulher respondeu-Lhe: 'Não tenho marido.' Jesus lhe disse: 'Você está certa dizendo: 'Não tenho marido', pois você já teve cinco maridos, e o que*

você tem agora não é seu marido. O que você disse é verdade" (Jo 4.16-18).

Jesus não fugiu dela porque ela teve muitos maridos. Ele confirmou a veracidade das palavras dela antes de abordar a sua fraqueza. Ele não ignorou o seu sofrimento, mas tampouco a condenou. Ao invés de focar as suas falhas, Ele viu o seu valor e livremente ofereceu-lhe a dádiva que Ele tinha que dar. Ele mostrou o amor incondicional do Pai descrito na Parábola das Ovelhas Perdidas:

"Cuidado para não desprezarem um desses pequeninos. Pois digo-lhes que no Céu os seus anjos sempre veem a face do Meu Pai que está no Céu. O que vocês acham? Se um homem tiver cem ovelhas, e uma delas se desgarrar, por acaso ele não deixará as noventa e nove nas montanhas e sairá em busca da ovelha que se desgarrou? E, se a encontrar ,verdadeiramente lhes digo que ele se regozijará com relação a ela mais do que todas as noventa e nove que nunca se desgarraram. Assim sendo, não é vontade do Meu Pai que está no Céu que nenhum desses pequeninos pereça" (Mt 18.10-14).

Ninguém é insignificante. Deus não distribui o Seu amor com base em nossas realizações, mas ama a todos da mesma maneira – homem ou mulher, judeu ou gentio, escravo ou livre, rico ou pobre, ignorante ou instruído, influente ou desconhecido. Não importa qual seja o seu histórico ou o seu passado, Deus o vê como sendo valioso porque você é d'Ele, e Ele quer derramar o Seu amor sobre a sua vida. Relacionamentos plenos baseiam-se no valor intrínseco das pessoas, ao invés das características externas.

Outra característica importante do amor de Jesus pelas pessoas é a Sua compaixão, como é vista em todos os Evangelhos. Em muitas das histórias que narram a Jesus fazendo obras milagrosas, os escritores nos dizem que Jesus *"moveu-Se com compaixão"*. A palavra grega traduzida como *compaixão* é *splagchnizomai*, que denota um sentimento dilacerante. [72] É muito mais do que uma simples empatia ou piedade, e sim uma forte emoção que faz com que entremos em ação. Jesus não apenas olhava para as multidões, pensando consigo mesmo: "Ó, sinto pena deles..." Não! Ele ficava tão comovido que fazia algo a respeito!

Em João 11.32-35, vemos que Jesus chorou com Maria na sepultura de Lázaro. Em João 19.25-27, Ele confiou a João a Sua mãe. Em ambos os casos, vemos Jesus identificando-Se com a tristeza que estavam vivenciando, e fazendo algo a respeito. Ele estava presente, com eles, em sua dor. Da mesma maneira, o Pai está conosco em nossa dor. O amor de Deus sempre é expresso por ações.

Dois aspectos finais do amor são vitais para termos relacionamentos plenos. Assim sendo, eu gostaria de detalhá-los. Primeiramente, nenhum julgamento. Concluímos o nosso capítulo anterior analisando como Jesus lidou com a mulher pega no ato de adultério (João 8.3-11), e observamos que Jesus não a condenou. Se havia alguém que poderia tê-la condenado, teria sido Jesus, mas, ao invés, Ele procurou uma maneira de restaurá-la.

O mesmo é visto em nosso exemplo anterior da mulher samaritana (João 4.1-26). Nessas duas ocasiões, Jesus exemplificou o que Ele ensinou no Sermão do Monte:

> *"Não julguem, para que vocês não sejam julgados. Pois com o juízo que vocês pronunciarem vocês serão julgados, e com a medida que vocês usarem vocês serão medidos. Por que você vê o cisco que está no olho do seu irmão, mas não nota a tora que está em seu próprio olho? Ou como você pode dizer ao seu irmão: 'Deixe-me tirar o cisco do seu olho', quando há uma tora em seu próprio olho? Hipócrita! Tire primeiro a tora do seu próprio olho, e então você verá claramente para tirar o cisco do olho do seu irmão"* (Mt 7.1-5).

Jesus esclarece que não devemos julgar uns aos outros, pois o juízo é antagônico a relacionamentos plenos. Quando focamos a falha que vemos nos outros, automaticamente criamos um abismo que nos separa uns dos outros. Às vezes julgamos os outros porque achamos que a chave para a plenitude é estarmos "certos". No entanto, esse é um claro indicador de que entendemos erroneamente o amor incondicional de Deus. É pensamento romano. Permita-me explicar.

Suponha que você esteja vendo alguém agindo de uma maneira que não parece "correta". Se você tiver um relacionamento de amor e confiança com a pessoa, você terá maneiras de aconselhá-la que promovam a plenitude. Cruzamos essa linha quando não há um relacionamento assim e assumimos a responsabilidade de salientarmos como que essa pessoa está "errada". Estou falando sobre julgarmos, de apontarmos um dedo acusatório, de condenarmos as ações dos outros. Essa postura não se presta à edificação dos relacionamentos. Pelo contrário, geralmente resulta em divisões. Consequentemente, estamos relacionalmente "errados". Jesus não disse que precisamos concordar com todos. Tampouco Ele disse que deveríamos fazer vista grossa diante das ações de todos (claramente há coisas que não promovem a plenitude), mas Ele de fato nos chamou para amarmos uns aos outros, até mesmo em nossas diferenças. Será que podemos amar uns aos outros e confiar que o Espírito Santo trará convicção de pecado e mudanças onde são necessárias? Poderíamos dizê-lo da seguinte forma: "Deus está mais interessado em que você esteja corretamente relacionado do que o fato de você estar certo." [73]

Quando Jesus estava falando sobre não julgarmos, suponho que Ele tivesse em mente uma das nossas fraquezas humanas: a necessidade de resolvermos os nossos conflitos, discernindo o que aconteceu, determinando quem está certo, e quem está errado. Em nossa humanidade caída, procuramos maneiras de nos justificarmos, achando que, se conseguirmos provar que estamos "certos", o conflito será resolvido. No entanto, o caminho da reconciliação nunca é pavimentado com fatos. Você provavelmente sabe por experiência própria que a abordagem de discutirmos até que alguém esteja "certo" e o outro esteja "errado" só exacerba o problema. Portanto, Jesus nos mostra uma maneira melhor, que é o aspecto final e crucial do amor: perdão e bênção.

A maior expressão do amor de Deus por nós é que, quando ainda éramos pecadores, Cristo morreu por nós (Romanos 5.8). Deus nos perdoou antes que tivéssemos a capacidade de recebermos o Seu perdão. Apesar da nossa rejeição, Ele não veio para provar para nós que estávamos "errados", e sim, ao invés, Ele tomou a iniciativa de perdoar, e, ao fazer isso, de restaurar o relacionamento que havia sido quebrado pelo pecado. Jesus demonstrou como é o perdão num nível interpessoal:

> *"E, quando chegaram a um lugar que é chamado de a Caveira, lá O crucificaram, e os criminosos, um à Sua direita, e o outro à Sua esquerda. E Jesus disse: 'Pai, perdoa-lhes, pois não sabem o que fazem'"* (Lc 23.33,34).

Jesus não buscava maneiras de punir os Seus inimigos. Ele sempre buscava perdoar e restaurar. Ele tinha a capacidade de ver além das ações das pessoas e de amá-las por quem eram. O perfeito amor de Deus é expresso no perdão, o qual possibilita relacionamentos plenos. Quando Jesus nos chama para sermos "perfeitos", assim como o nosso Pai Celestial é perfeito, Ele o faz no contexto de amarmos os nossos inimigos, perdoando os que nos ferem, abençoando os que nos maldizem (Mateus 5.43-48). [74] Uma tradução desse versículo chave diz:

> *"Portanto, assim como o seu Pai Celestial é completo ao demonstrar amor a todos, assim também vocês precisam ser completos"* (Mt 5.48 – CEB).

CAPÍTULO 7 - *O Pai e os Relacionamentos*

Esse é o caminho para a santidade: plenitude nos relacionamentos. Lucas explica isso mais detalhadamente:

> *"Digo, porém, a vocês que ouvem: Amem os seus inimigos, façam o bem aos que os odeiam, abençoem os que os maldizem, orem pelos que abusam de vocês. Ao que os agride na face, ofereçam a outra também, e a quem tira a sua capa, não neguem a sua túnica também. Deem a todos os que lhes pedirem, e de alguém que tomar os seus bens, não os exijam de volta. E assim como vocês desejam que os outros lhes façam, isso façam também. Se vocês amarem os que os amam, que benefício isso é para vocês? Pois até mesmo os pecadores amam os que os amam. E se vocês fizerem o bem aos que fazem o bem a vocês, que benefício isso é para vocês? Pois até mesmo os pecadores fazem o mesmo. E se vocês emprestarem às pessoas de quem vocês esperam receber, que crédito isso é para vocês? Até mesmo os pecadores emprestam aos pecadores, para receberem de volta a mesma quantia. Mas amem os seus inimigos, e façam o bem, e emprestem, não esperando nada de volta, e o seu galardão será grande, e vocês serão filhos do Altíssimo, pois Ele é bondoso com os ingratos e os maldosos. Sejam misericordiosos, assim como o seu Pai é misericordioso"* (Lc 6.27-36).

A Minha História de Restauração

Foi com esse entendimento que enfrentei o maior desafio relacional que já vivenciei. Eu iniciei este capítulo, compartilhando a história da quebra relacional quando o meu primeiro marido faleceu. A minha sogra (na época) Adelina estava me acusando injustamente. Vários outros membros da família seguiram a sua liderança, aumentando a minha tristeza. O meu coração queria orar pelo juízo de Deus sobre ela, mas Jesus relembrou-me do Seu desejo de relacionamentos restaurados e chamou-me a tomar a iniciativa de perdoá-la e abençoá-la. Honestamente, era a última coisa que eu sentia vontade de fazer. Os primeiros dias foram muito difíceis. Eu orava, em meio a lágrimas, falando palavras de perdão e bênção, pedindo que Deus curasse o seu coração, que Ele ministrasse às suas necessidades, que Ele a cercasse com o Seu amor. À medida que o tempo passava, a oração parecia fluir mais livremente. Os meus pensamentos sobre ela não tinham a dor aguda inicial, e eu sabia que o meu coração estava se voltando para ela.

Alguns meses mais tarde, eu sabia que algo havia mudado. A Adelina havia voltado para a Argentina e ainda não estava falando comigo, mas eu sentia um novo amor por ela. Quanto mais eu orava por ela, tanto mais o meu coração amolecia para com ela. Eu sabia que o Espírito Santo estava operando. Não havia nenhum sentimento de julgamento ou condenação, mas só de compaixão. O seu aniversário era em setembro. Haviam se passado quatro meses desde o falecimento do Hannibal. Ainda não havia nenhuma comunicação, mas enviei-lhe um cartão de aniversário expressando o meu amor e apreço. Quando o Natal se aproximava, nada parecia ter mudado, exceto que ouvi que ela havia recebido o meu cartão de Natal e estava agradecida por isso. Continuei orando por ela – perdoando e abençoando.

No mês de março seguinte, tive que viajar à Argentina numa viagem ministerial. Para minha surpresa, quando aterrissei em Mendoza, a Adelina estava no aeroporto para dar-me as boas-vindas. Abraçamo-nos; choramos. Ela pegou as minhas mãos e me beijou, e pediu-me que eu a perdoasse pela sua atitude. Ela explicou a sua luta contra a tristeza e como ela a havia processado. Eu disse que a perdoava e pedi o seu perdão pela dor que eu havia lhe causado – ainda que não intencionalmente. Passamos muito tempo durante essa viagem celebrando antigas memórias e desenvolvendo novas memórias. Depois disso eu a vi algumas outras vezes quando ela viajou a Houston, e sou grata que o nosso relacionamento foi restaurado e espero ansiosamente pela hora em que nos reuniremos na presença do Senhor.

Vivenciei a plenitude de vida que vem através da prática das diretrizes relacionais de Deus, e essa é a minha esperança para você também.

Conclusão

Neste capítulo, vimos que os relacionamentos são importantes para Deus. Tanto é verdade que Ele nos dá diretrizes relacionais com relação à maneira de "escolhermos a vida". Os Dez Mandamentos (ou Dez Palavras) são todos relacionais por natureza. Eles nos ensinam como é a vida quando estamos relacionalmente plenos. O *Abba* está nos convidando a conhecê-Lo e a confiarmos n'Ele. Quando fizermos isso, não teremos outros deuses, não faremos para nós imagens de escultura, nem nos prostraremos a nenhum outro deus. Desfrutaremos dos benefícios da Sua grande misericórdia, paciência, e benignidade, e poderemos descansar. O *Abba* também nos dá instruções sobre como vivermos uns com os outros, inclusive como honrarmos o nosso pai e mãe, e sendo cuidadosos para não fazermos coisas que prejudiquem os nossos relacionamentos.

Vivemos numa cultura que valoriza o individualismo. Assim sendo, é importante enfatizarmos o desejo de Deus por relacionamentos. Quando Deus nos dá diretrizes relacionais – com Ele e uns com os outros – Ele o faz a fim de introduzir-nos numa vida de santidade em que possamos plenamente desfrutar da Sua bênção. Deus é inflexível com relação à necessidade de relacionamentos plenos porque refletem a Sua maneira de ser relacional. Já que fomos criados à imagem de Deus, somente ficamos realizados em nossa personalidade no contexto de relacionamentos plenos e saudáveis – tanto com Deus como uns com os outros.

Todas as diretrizes relacionais de Deus podem ser sumarizadas em amarmos uns aos outros. O amor é a maneira com que o Pai, Filho, e Espírito Santo são com, para, e em relação a Um com o Outro, e, por extensão, com, para, em relação a tudo o que criaram. Através da vida de Jesus, vemos que o amor é expresso de múltiplas maneiras: Jesus não faz acepção de pessoas. Ele tampouco faz discriminações ou condenações, mas quebra qualquer obstáculo e busca maneiras de abençoar os outros – dar a fim de tornar os outros plenos. Jesus encontra e confirma o valor nas pessoas. Ele ama incondicionalmente e Se move com compaixão. Ele compartilha da dor dos outros. Jesus não julga, mas é ávido em perdoar e abençoar. Essa é a maneira de ser da santidade: mostrar amor a todos.

Deus nos chama a estarmos corretamente relacionados e nos mostra como é isso. Agora precisamos perguntar: "Como fazemos isso?" Será que é uma questão de força de vontade? Será que Deus está nos dando uma lista de "faça isso e não faça aquilo"? As boas novas são que o *Abba* não apenas nos ensina como vivermos, deixando a nosso critério andarmos com as nossas próprias forças. Não. Ele nos dá o Espírito Santo, e o Seu fruto em nossas vidas leva a uma plenitude relacional. Abordaremos isso em nosso próximo capítulo.

Reflexão

Você consegue identificar algumas áreas em que você tem lutado com as diretrizes relacionais de Deus? O que Deus está lhe dizendo através deste capítulo sobre a importância de estarmos "corretamente relacionados"?

Há algum relacionamento em sua vida que precisa ser restaurado? Você foi prejudicado? Em caso afirmativo, você pode levar Deus a sério, crer n'Ele, e aplicar o que Jesus ensinou? Perdoar e abençoar. Talvez você queira recorrer ao Exercício de Perdão no final do Capítulo 1 como ponto de partida.

Oração

"Pai, nós Te agradecemos por chamar-nos a escolhermos a vida e por dar-nos diretrizes relacionais para que pudéssemos verdadeiramente viver. Pedimos que Tu nos dês uma revelação maior do Teu amor e que aprofundes o nosso relacionamento contigo, para Te conhecermos melhor. Pedimos que operes em nossos corações e que nos ensines como termos relacionamentos plenos e saudáveis contigo e uns com os outros. Onde quebramos relacionamentos, pedimos que nos mostres o que podemos fazer para agirmos para a restauração.

Dá-nos o poder para perdoarmos e abençoarmos os que nos prejudicaram. E onde prejudicamos os outros, dá-nos a coragem de pedirmos perdão. Entregamos os nossos relacionamentos a Ti. Enche-nos com o Teu Espírito Santo, para que saibamos como vivermos de uma maneira digna do nosso chamado. Reconhecemos a nossa fraqueza e pedimos a Tua força. Em nome de Jesus. Amém."

Discussão em Grupo

1. Selecione uma das histórias deste capítulo e discuta o que podemos aprender com relação aos relacionamentos através do exemplo de Jesus.

2. Discuta o aspecto relacional dos Dez Mandamentos. O que se sobressai para você? Como isso impacta o seu entendimento do desejo de Deus por relacionamentos?

3. Pense no individualismo e como ele impacta os nossos relacionamentos. O que você pode fazer, numa cultura que valoriza o individualismo, para ajudar os outros a valorizarem os relacionamentos?

CAPÍTULO

O Pai e a Liberdade

"Se o Filho vos libertar, sereis verdadeiramente livres" – Jesus

CAPÍTULO 8 - *O Pai e a Liberdade*

Em Atos 16, encontramos uma notável história de liberdade. Paulo e Silas estavam pregando em Filipos, quando uma jovem escrava possuída por um espírito de adivinhação começou a segui-los. Paulo expulsou o espírito dela. Aparentemente, isso seria uma coisa boa. Mas os senhores da jovem ficaram furiosos! Paulo e Silas foram surrados com varas e lançados na prisão. Não parece uma história de liberdade, não é? Eis aqui dois servos de Deus, viajando e fazendo o bem, e acabam na prisão. Não é o que esperaríamos. Quando falamos sobre o Pai e a liberdade, a nossa expectativa talvez seja que o *Abba* nos liberta de qualquer problema ou obstáculo. Contudo, aqui vemos o oposto. Paulo e Silas acabam aprisionados e acorrentados. Mas esse não é o fim da história.

Lucas prossegue e diz que à meia-noite Paulo e Silas estavam orando e cantando a Deus, e os prisioneiros os escutavam. Subitamente, houve um grande terremoto, os fundamentos da prisão foram abalados, as portas se abriram, e as correntes de todos se soltaram. Houve uma grande libertação! Talvez pensemos: *"Isso se parece mais com libertação! Agora vemos a Deus irrompendo para libertar os cativos."* Mas esse ainda não é o fim da história.

O carcereiro acordou, e, vendo o que havia acontecido, estava a ponto de tirar a própria vida. Mas eis aqui algo notável: Paulo deu um grande grito, dizendo: *"Não te faças nenhum mal, porque estamos todos aqui."* O carcereiro, perplexo com esses eventos, perguntou o que ele teria que fazer para ser salvo. A história se desenrola com o carcereiro e sua família crendo em Deus, enquanto que Paulo e Silas permaneceram na prisão até que os magistrados da cidade viessem e lhes suplicassem para irem embora.

Paulo e Silas exemplificam a verdadeira liberdade. O interesse deles não era se estavam dentro ou fora da prisão, acorrentados ou livres das correntes. Enquanto estavam pregando, estavam livres. Quando foram surrados, estavam livres. Enquanto estavam na prisão, estavam orando e cantando – porque estavam livres. Quando as portas da prisão ficaram escancaradas, não tinham a necessidade de fugirem correndo. Já estavam livres. Eles tinham a verdadeira liberdade, que é uma liberdade interna.

Em nosso contexto, achamos que a liberdade é a ausência de problemas, a ausência de empecilhos, a ausência de confinamentos. Temos a tendência de celebrarmos a liberdade como a possibilidade de fazermos o que quisermos. Mas a verdadeira liberdade é a liberdade da autopreservação, a liberdade da necessidade de buscarmos os nossos próprios interesses. É a possibilidade de vivermos fielmente, honestamente, e amorosamente com Deus e uns com os outros. É a liberdade de sermos centrados nos outros; a liberdade de respondermos a Deus sem temor ou hesitação. É a liberdade de escolhermos a vida e de vivermos em santidade.

Como vimos no capítulo anterior, Deus deseja que vivenciemos uma plenitude de vida, e essa vida encontra-se somente em relacionamentos plenos e saudáveis. Essa vida de verdadeira liberdade é uma vida de amor que considera os outros como sendo mais importantes do que nós mesmos. Como John Macmurray diz, "as pessoas determinadas a amarem têm vida em si mesmas, vida abundante, e voltam-se à vida e lutam pela vida contra as forças da morte. São as pessoas que verdadeiramente estão vivas, das quais pode ser dito que possuem a vida eterna como uma fonte dentro delas jorrando perpetuamente. São as pessoas que são emocionalmente livres." [75]

Quando Deus nos liberta, ficamos livres de verdade. E, nessa liberdade, vivenciamos uma plenitude de vida. A liberdade é um assunto complexo, e muitos volumes já foram escritos para abordá-la detalhadamente. Para os propósitos deste livro, focaremos uma só área específica que tem o maior impacto em nossos relacionamentos: a liberdade do temor. Para entendermos melhor como isso acontece, precisamos primeiramente identificar o problema, e aí então veremos como Deus nos leva à liberdade. E, finalmente, veremos como isso impacta os nossos relacionamentos.

O Problema do Temor

Se você perguntar aos cristãos qual é o maior mandamento, é bem provável que dirão precisamente: *"Amarás ao SENHOR teu Deus de todo o teu coração, de toda a tua alma, e de toda a tua mente... E o segundo é semelhante a ele: Amarás ao teu próximo como a ti mesmo"* (Mt 22.37,39). Mas você sabe qual é o mandamento mais frequente na Bíblia? *"Não temas!"* Deus diz, vez após vez, em diferentes circunstâncias e de diferentes maneiras: "Não temas"; "Não tenhas medo." Por que você supõe que Ele precisa repetir esse mandamento vez após vez? Porque, na maioria das vezes, a vida humana é vivida num contexto de temor.

Sejamos claros: há diferentes tipos de temor. Experimentamos um temor natural quando estamos enfrentando um perigo iminente e presente – como quando olhamos para baixo e vemos uma cascavel a alguns metros de nós; quando há um incêndio, ou quando a nossa vida é ameaçada de alguma forma. Esse temor é legítimo e bom. Deus nos deu um sentimento de temor para a nossa própria segurança, e fazemos bem em ouvirmos esse sentimento de temor.

Há também o tipo de temor que resulta de uma lembrança de uma situação dolorosa. Eu estive num terrível acidente de carro em 1998 que ainda faz com que eu estremeça quando o trânsito na via expressa começa a diminuir e parece que os veículos atrás de mim (especialmente se for um caminhão com 18 rodas) não conseguirão parar a tempo. A lembrança do acidente coloca o meu sistema no modo de alerta. Esse tipo de temor não é necessariamente ruim, a menos que impeça que vivamos em liberdade. Por exemplo, se eu tivesse medo de dirigir por causa da lembrança do acidente, agora eu estaria vivendo numa escravidão ao temor. Deus quer que sejamos livres desse tipo de temor irracional.

Há ainda outra categoria de temor. Talvez tenhamos o temor de ficarmos sozinhos, de não sermos amados, de não estarmos à altura. Talvez temamos fracassos ou rejeições.[76] Também experimentamos um temor de dores, sofrimentos, pobreza, e morte. Essa é a categoria mais grave, pois tem a ver com o nosso senso de identidade e valor, e com o nosso senso de bem-estar. Esse temor pode frequentemente passar despercebido, mas tem um poderoso impacto em como as nossas vidas são vividas. Esse temor nunca fez parte do plano de Deus para a humanidade, mas faz parte da condição caída do nosso mundo.

O temor é o maior inibidor de ações centradas nos outros, pois faz com que vivamos na defensiva e busquemos os nossos próprios interesses. Fomos criados para vivermos espontaneamente, dando de nós mesmos ao mundo ao nosso redor. No entanto, um coração que está amarrado no temor exige segurança e proteção. Quando esse é o caso, construímos mecanismos de autodefesa que nos impedem de vivermos espontaneamente em termos dos outros. Nas palavras de Macmurray,

CAPÍTULO 8 - *O Pai e a Liberdade*

"quanto mais temor houver em nós, tanto menos vivos estaremos. O temor realiza essa destruição da vida, virando a nossa atenção a nós mesmos e assim isolando-nos do mundo fora de nós." [77] O temor faz parte da condição humana, mas o Pai quer libertar-nos, e, assim sendo, Ele vem a nós, vez após vez, dizendo: "Não temas"; "Não temas"; "Não tenhas medo."

Na verdade, Deus não promete que, nesta vida, seremos poupados de sofrimentos, perdas, infelicidades, ou mortes. De fato, Jesus diz claramente o seguinte:

> *"Tenho dito essas coisas a vocês, para que, em Mim, vocês tenham paz. No mundo vocês terão tribulações. Mas tenham bom ânimo; Eu venci o mundo"* (Jo 16.33).

Observe que Ele não está dizendo que as coisas que temermos nunca acontecerão conosco. Vivemos num mundo caído, e estamos sujeitos às consequências do pecado. Chegará o dia em que Jesus reinará plenamente na terra. A vontade de Deus será feita perfeitamente, e todas essas coisas passarão. Mas, enquanto isso, teremos problemas. Passaremos por dores, sofrimentos, e morte. Mas Jesus nos consola e nos diz que não precisamos viver em temor porque Ele venceu o mundo. Não significa que não passaremos pelas coisas que temermos, e sim que não temos que ser dominados por elas. Até mesmo em circunstâncias adversas, podemos ter a certeza de que Deus está conosco e nos levará à vitória. Não há nenhuma derrota na vida, a menos que permitamos que as circunstâncias nos separem do Seu amor. [78] Quando temos a certeza do amor do *Abba* por nós, podemos desfrutar da verdadeira liberdade – a liberdade em que não temos que buscar os nossos próprios interesses, mas podemos verdadeiramente viver numa plenitude de vida centrada nos outros.

A Vida de Jesus Livre do Temor

Jesus nos mostra o quadro mais claro dessa vida abundante. Como Ser Humano realizado, num perfeito relacionamento com o Pai, Ele nos mostra como é vivermos numa verdadeira liberdade. Talvez o melhor exemplo conhecido da Sua vida centrada nos outros é visto no Cenáculo, quando Ele está participando da última Ceia de Páscoa com os Seus discípulos:

> *"[Jesus] levantou-Se da ceia. Ele pôs de lado as Suas vestes externas, e, pegando uma toalha, amarrou-a ao redor da Sua cintura. Aí então, Ele derramou água numa bacia e começou a lavar os pés dos discípulos e a enxugá-los com a toalha que estava envolta ao Seu redor"* (Jo 13.4,5).

Que grande exemplo a ser seguido! O nosso problema, no entanto, é que frequentemente consideramos as ações de Jesus e presumimos que somos chamados a imitá-Lo através da nossa prz ópria força de vontade. Tentamos nos condicionar a fazermos as escolhas corretas e a nos disciplinar a agirmos corretamente. Achamos que, se ao menos tentarmos com mais afinco, talvez algum dia aprendamos a vivermos vidas santas, como Jesus o fez. Mas eu quero atrair a sua atenção ao versículo anterior, que nos mostra a motivação de Jesus, e porque Ele conseguiu servir tão altruisticamente assim:

> *"Jesus, sabendo que o Pai havia entregado todas as coisas em Suas mãos, e que Ele havia vindo de Deus e voltaria a Deus, levantou-Se da ceia"* (Jo 13.3,4).

Jesus estava confiante no amor do Pai. Ele sabia de onde havia vindo, e onde estava indo. Confiante no amor do *Abba*, Ele não tinha nada a provar, nada a temer, e nada a perder. Ele não precisava da adulação das pessoas para sentir-Se bem com relação a Si mesmo. O amor do Seu Pai era tudo o que Ele precisava. Vemos a mesma dinâmica funcionando no encontro de Jesus com o diabo no deserto. Ele conseguiu resistir à tentação porque estava confiante em Seu relacionamento com o Pai.

Jesus era verdadeiramente livre, e, portanto, Ele conseguia dar livremente de Si mesmo. [79] No amoroso relacionamento do Deus Triuno, Jesus estava livre do temor, livre da necessidade de buscar os Seus próprios interesses, e, portanto, livre para amar e ser centrado nos outros. Esse relacionamento capacitou Jesus a aguentar o sofrimento e a entregar a Sua vida pela humanidade em serviço e obediência ao Seu Pai. [80]

Karl Barth diz que a alta liberdade de Deus em Jesus Cristo é a Sua liberdade para o amor. A liberdade de Deus é manifesta no sentido de que Ele pode ser livre, não somente em Si próprio e para Si próprio, mas também conosco e por nós. Ele é o Rei Soberano, mas sacrifica-Se a Si mesmo para o nosso benefício. Ele é altamente exaltado, mas é completamente humilde. Ele é o Deus Todo Poderoso que é cheio de misericórdia. Ele é Senhor, mas também Servo. Ele é o Juiz, mas toma sobre Si mesmo a punição pelo nosso pecado. Ele é não somente o nosso Rei eterno, mas também o nosso Irmão no tempo. [81]

A Solução: Conosco e Por Nós

Como, então, podemos ser libertos do temor? João nos diz:

> *"Não há nenhum temor no amor, mas o amor perfeito expulsa o temor. Porque o temor tem a ver com punição, e todo aquele que teme não foi aperfeiçoado no amor"* (1 Jo 4.18).

A chave para vivermos uma vida livre do temor é conhecermos o amor perfeito de Deus. É vivermos conscientes de que Deus está tanto *conosco* como também Ele é *por nós*. Ambos os aspectos são importantes. Se cremos que Deus está *conosco*, mas não temos certeza se Ele é *por nós*, talvez não O queiramos por perto. Se cremos que Deus é *por nós*, mas não temos certeza se Ele está *conosco*, continuamos com medo de que Ele não estará por perto para ajudar-nos em nossas necessidades. Como vimos em capítulos anteriores, muitos de nós têm concepções errôneas sobre Deus que criam uma barreira entre nós e Ele. Essas noções falsas sobre Deus fazem com que questionemos se Ele realmente está *conosco* ou se Ele é *por nós*. Mas, se conhecermos o *Abba* de Jesus, poderemos conhecer o amor perfeito de um bom Pai que quer o melhor para os Seus filhos. Vamos explorar o fundamento bíblico para esses dois aspectos:

Deus está *conosco*

Na maioria dos casos nas Escrituras em que vemos Deus dizendo ao Seu povo para não temer, o mandamento vem com a confirmadora e consoladora promessa da Sua presença. Vamos analisar alguns exemplos:

> *"Não temas, porque Eu estou contigo;*
> *não te desanimes, porque Eu sou o teu Deus;*
> *Eu te fortalecerei; Eu te ajudarei;*
> *Eu te sustentarei com a destra da Minha justiça"* (Is 41.10).

> *"É o Senhor que vai adiante de ti. Ele estará contigo; Ele não te deixará nem te abandonará. Não temas nem te espantes"*
> (Dt 31.8).

> *"Deus é o nosso refúgio e força,*
> *socorro bem presente na angústia.*
> *Portanto, não temeremos, ainda que a terra ceda*
> *e ainda que as montanhas se movam para o coração*
> *dos mares.*
> *O Senhor dos Exércitos está conosco;*
> *o Deus de Jacó é a nossa fortaleza"* (Sl 46.1,2,7).

O Pai não nos chama a uma vida estoica em que ignoramos as circunstâncias que fazem com que temamos. Pelo contrário, Ele reconhece que não temos a capacidade em nós mesmos de sermos livres do temor. Assim sendo, Ele sempre nos relembra do Seu compromisso de estar *conosco*. Há muitos outros versículos que confirmam o compromisso de Deus de estar *conosco* – não em ocasiões momentâneas, mas permanentemente:

> *"A minha habitação estará com eles, e serei o seu Deus, e eles serão o Meu povo"* (Ez 37.27).

> *"Eis que a habitação de Deus está com os homens. Ele habitará com eles, e eles serão o Seu povo, e o próprio Deus estará com eles como seu Deus"* (Ap 21.3).

> *"E eles serão o Meu povo, e Eu serei o seu Deus"* (Jr 32.38).

> *"E eis que estou com vocês sempre, até o fim dos séculos"* (Mt 28.20).

> *"Não os deixarei como órfãos; Eu virei até vocês"* (Jo 14.18).

Em Sua soberania, Deus escolheu fazer a Sua habitação no meio da humanidade. Ele quer estar *conosco*. No Capítulo 3, estabelecemos que

Deus cria como um transbordamento do amor compartilhado entre o Pai, Filho, e Espírito Santo. Deus voluntariamente criou um Universo que Ele pudesse encher consigo mesmo e sobre o qual Ele pudesse derramar o Seu amor. Deus não apenas nos criou para ver se tomaríamos jeito e O adoraríamos. Pelo contrário, Ele nos criou para que Ele pudesse compartilhar o Seu ser conosco. Ele anseia que vivamos as nossas vidas *com* Ele.

Deus é *por* nós

Deus não somente promete estar *conosco*, mas Ele também Se revela como o Deus que é *pela* humanidade. Mais de 80 vezes no Antigo Testamento, Deus Se revela como nosso Ajudador. Vemos vez após vez como Ele vem para resgatar o Seu povo, fazendo por ele o que jamais poderia fazer por si só. Até mesmo quando enfrentavam situações impossíveis, eles tinham a certeza da presença e ajuda de Deus. O povo de Israel sabia que Deus era o seu defensor, o seu libertador, o seu supridor, o seu ajudador, que os curava e os sustentava.

> *"Porque Eu, o Senhor teu Deus,*
> *seguro a tua mão direita;*
> *sou Eu que te digo: 'Não temas;*
> *Eu sou o que te ajuda'"* (Is 41.13).

> *"Eis que Deus é o meu ajudador;*
> *O Senhor é quem sustenta a minha vida"* (Sl 54.4).

Da mesma forma com relação a nós, pelo fato de que somos Seus filhos através de Jesus Cristo, o Pai vem em nosso auxílio vez após vez, não porque mereçamos, mas porque Ele é amoroso e gracioso. As Escrituras são claras ao mostrarem que não fizemos nada para merecermos o Seu amor. O Seu compromisso com a humanidade já era válido até mesmo antes que os nossos corações se voltassem para Ele. Como Paulo diz,

> *"Deus mostra o Seu amor para conosco em que, enquanto ainda éramos pecadores, Cristo morreu por nós"* (Rm 5.8).

Por mais grandioso que seja o ato da salvação – Jesus morrendo na Cruz pelos nossos pecados – a Encarnação é a maior evidência de que Deus é *pela* humanidade em todos os aspectos. Tornando-Se humano na Pessoa de Jesus Cristo, Deus comprometeu-Se para sempre com a causa humana. Karl Barth diz que "em Jesus Cristo não há nenhum isolamento do homem com Deus ou de Deus com o homem. Ao invés, em Jesus Cristo encontramos a história, o diálogo, em que Deus e o homem se encontram e ficam juntos, a realidade da aliança mutuamente feita, preservada, e cumprida por eles." [82] Jesus e o Pai entram numa aliança pelo bem da humanidade, e o próprio Deus cumpre a aliança em Jesus. Tudo o que Deus quer dar à humanidade, Ele dá através de Jesus. E tudo o que Deus quer receber da humanidade, o próprio Jesus cumpre em nosso nome. [83]

Deus não está esperando que nos corrijamos para que Ele possa nos abençoar. Não! O Seu desejo é estar *conosco*, habitando *em* nós pelo

CAPÍTULO 8 - *O Pai e a Liberdade*

Seu Espírito, acalmando os nossos temores e persuadindo-nos do Seu amor *por* nós. Ele quer que conheçamos o Seu amor e que estejamos convencidos de que Ele é *por* nós, para que estejamos livres do temor e vivenciemos uma plenitude de vida. Tão grande é o compromisso de Deus de estar *com* a humanidade e de ser *por* ela que, no Novo Testamento, Jesus promete a vinda do Espírito Santo, chamando-O de *allos paraklētos*, que significa literalmente *"um outro que é chamado ao lado para ajudar"* (João 14.16). [84] O Deus Triuno vem, pelo Espírito Santo, aos que O recebem – para estar conosco, curar-nos, transformar-nos, ensinar-nos, e capacitar-nos para uma plenitude de vida. Paulo diz o seguinte a Timóteo:

> *"Porque Deus nos deu um espírito, não de temor, mas de poder e amor e de autocontrole"* (2 Tm 1.7).

A liberdade em relação ao temor não é algo que Deus faz para nós; é o que Ele faz pelo fato de habitar dentro de nós pelo Espírito Santo. Ele não nos deu um espírito de temor, mas o Seu próprio Espírito, que nos transforma de dentro para fora. Com o Espírito Santo que habita dentro de nós, não estamos mais sujeitos à fragilidade da condição humana, mas somos capacitados a vivenciarmos a vida eterna – o tipo de vida de Deus.

O Espírito Santo Que Habita Dentro de Nós

Já que o Espírito Santo é o Ajudador enviado pelo Pai (como Jesus prometeu), é bom tomarmos algum tempo para explorarmos o que Ele faz em nossas vidas. Obviamente, qualquer tentativa de enumerarmos a múltipla obra do Espírito Santo certamente ficará aquém. Entre outras coisas, Ele instrui, regenera, santifica, consola, fala, testifica, ordena, revela, cria, ensina, convence de pecado, sonda, fortalece, inspira e guia. [85] No entanto, especificamente com relação à noção de liberdade e de como crescemos à maturidade em direção da plena personalidade e plenitude de vida, há vários aspectos da Sua obra que justificam uma explicação.

O Espírito Santo É o Mediador do Amor e da Presença de Deus

Através do Espírito Santo, podemos vivenciar a presença de Deus habitando dentro de nós – não como um complemento separado, e sim como uma presença toda abrangente. Passamos a conhecer o amor de Deus numa intimidade que excede a noção humana de relacionamento. Observe a oração de Paulo pelos efésios:

> *"Por esta razão dobro os meus joelhos perante o Pai... para que, segundo as riquezas da Sua glória, vos conceda que sejais fortalecidos com poder através do Seu Espírito no homem interior, para que Cristo habite nos vossos corações através da fé, a fim de que, estando arraigados e fundados em amor, tenhais força para compreender, com todos os santos, qual seja a largura, e o comprimento, e a altura, e a profundidade, e conhecer o amor de Cristo que excede o entendimento, para que sejais cheios com toda a plenitude de Deus."* (Ef 3.14-19).

O amor de Deus é muito maior do que as nossas mentes conseguem compreender, mas o Espírito Santo nos dá revelações – insight espiritual

CAPÍTULO 8 - *O Pai e a Liberdade*

— para vivenciarmos o amor de Deus. Através do Espírito Santo nunca temos que nos perguntar se Deus está perto. Ele não somente está *conosco*, mas Ele também está *em* nós. Será que poderíamos jamais duvidar da Sua presença ou do Seu compromisso de ser o nosso Ajudador?

O Espírito Santo Nos Dá Esperança

O Espírito dá esperança e significado às nossas vidas, comunicando a presença da eternidade e lançando a existência humana temporal a uma perspectiva eterna. Essa esperança *escatológica* é a fonte do poder para aguentarmos os sofrimentos *com* Cristo. O Espírito Santo nos sustém e nos ajuda em meio aos sofrimentos e fraquezas.[86] Como foi mencionado anteriormente, isso não implica que nunca teremos que enfrentar nenhuma provação.[87] O que realmente significa é que o Espírito Santo nos dá coragem em face a oposições, a capacidade de amarmos e perdoarmos, e a liberdade para "recusarmos honrarias, de nos submetermos a insultos de bom grado, a desprezarmos a nós mesmos e darmos as boas-vindas a repreensões, a sofrermos todas as adversidades e perdas, e a não desejarmos nenhum tipo de prosperidade neste mundo."[88] O Espírito nos dá esperança, e, com isso, o poder para vivermos em liberdade para respondermos às atividades de Deus, até mesmo em face de adversidades.

O Espírito Santo Nos Forma

A nossa vida em Cristo, como filhos de Deus, é um processo de transformação. Quando aceitamos o que Jesus fez por nós, o Espírito Santo vem para habitar dentro de nós. Nascemos de novo.[89] Uma vez que nascemos do Espírito, Ele próprio opera em nós para nos conformar à imagem de Cristo. Jack Hayford explica esse processo da "formação do Espírito" com a analogia dos balões de ar quente, que ilustra a diferença entre sermos "cheios com o Espírito" e sermos "formados pelo Espírito". Ele diz que qualquer balão pode ser cheio com ar e flutuar (como fazem os balões), mas há balões específicos (como os usados no Desfile de Ação de Graças na Loja de Departamentos Macy's) os quais, quando cheios com ar, assumem um formato específico que a multidão consegue reconhecer. Como crentes nascidos de novo, devemos ser tanto cheios com o Espírito *e* formados pelo Espírito à semelhança de Jesus, para que outros possam ver Jesus em nós e ser atraídos a Ele. A plenitude do Espírito tem uma aplicação interna: Deus vivendo *dentro de* nós, ao passo que a formação pelo Espírito tem uma aplicação externa: Deus vivendo *através de* nós. [90]

No processo da formação pelo Espírito, o Espírito Santo anula o poder do pecado e nos leva de uma falsa fé para uma fé correta. Ele nos guia, nos encoraja e nos capacita a aguentarmos os sofrimentos. E Ele nos liberta para que nos tornemos pessoas gratas e esperançosas, que vivem, como Cristo o fez, a vida do Pai amorosa, compassiva, perdoadora, altruísta, doadora, curadora, acolhedora. [91] Pelo Espírito, não somente passamos a conhecer a Deus, mas também passamos a viver em Sua presença "de tal forma a sermos constantemente renovados à imagem de Deus." [92]

O Espírito Santo Capacita a Obediência

Um resultado da formação do Espírito é uma vida de obediência em resposta à iniciativa de Deus. É importante que saibamos que não nos tornamos obedientes através do nosso esforço próprio, e sim pela obra transformadora do Espírito Santo. Como Paulo diz:

CAPÍTULO 8 - *O Pai e a Liberdade*

> *"Portanto, meus amados... operem a sua própria salvação com temor e tremor, pois é Deus que opera em vocês tanto o querer como o efetuar para o Seu bom prazer"* (Fp 2.12,13).

Observe que "operarmos a nossa própria salvação" é explicado através da obra do Espírito Santo. É uma parceria. À medida que Lhe permitimos, o Espírito Santo escreve a Lei de Deus em nossos corações.[93] Ele muda as nossas vontades e aí então nos dá o poder para vivermos conformemente. Portanto, a chave para uma vida de liberdade é uma vida de obediência; e a chave para uma vida de obediência é sumarizada no imperativo de Paulo:

> *"Andem pelo Espírito, e vocês não gratificarão os desejos da carne"* (Gl 5.16).

O Espírito Santo é o Agente dessa transformação. Quando somos formados pelo Espírito Santo, seguros do amor do Pai por nós, podemos ser livres do egocentrismo, culpa, temor da morte, e pressões externas. "A liberdade em Cristo produz uma saudável independência da pressão de colegas, de agradarmos as pessoas, e da escravidão ao respeito humano."[94] Com essa liberdade, podemos focar o caráter e desejos de Deus. Sabendo que somos aceitos, podemos aceitar os outros. Libertos de nós mesmos, podemos libertar outros e compartilhar dos seus sofrimentos.[95] Essas características de uma liberdade centrada nos outros são sumarizadas no *"fruto do Espírito"*.

O Fruto do Espírito

De acordo com Paulo, o fruto do Espírito é amor, alegria, paz, paciência, benignidade, bondade, fidelidade, mansidão, autocontrole (Gálatas 5.22,23). Pedro nos descreve como participantes da natureza divina e cita a fé, a virtude, o conhecimento, o autocontrole, a firmeza, a bondade, a afeição fraternal e o amor (2 Pedro 1.3-11). Tiago descreve essas coisas como "a sabedoria de cima" e dá exemplos de pureza, paz, bondade, disposição para nos rendermos, misericórdia, imparcialidade e sinceridade (Tiago 3.17,18). Todas essas coisas são manifestações do Espírito em operação em nossas vidas. Não é uma lista de comportamentos, e sim uma amostragem de manifestações da vida de Deus nos Seus filhos e através deles. [96]

Considerando-se que Deus é uma relacionalidade amorosa e que o desejo de Deus é que a humanidade se torne um reflexo de Si mesmo, não é nenhuma surpresa que o "amor" seja o primeiro na descrição de Paulo do fruto do Espírito. Alegria, esperança, e paz são um transbordamento da maneira de ser de Deus. [97] Longanimidade, benignidade, bondade, fidelidade, mansidão e autocontrole são atitudes que promovem uma vida comunitária saudável – o tipo de vida que reflete a maneira de ser de Deus. [98] O fruto do Espírito – o transbordamento da Sua obra em nossas vidas – é a chave para uma plenitude relacional.

Antes de nos voltarmos a isso, permita-me reiterar que o fruto do Espírito não pode ser falsificado. Não podemos trabalhar duro o suficiente para produzirmos esse fruto através de meros esforços humanos. Podemos, no entanto, permitir que o fruto amadureça por si só, à medida que nos rendemos ao Espírito Santo, recebendo através d'Ele o amor e presença de Deus, permitindo que Ele nos forme, que Ele mude os nossos desejos, e que Ele nos capacite a vivermos de acordo com a vontade de Deus.

A Liberdade e a Plenitude Relacional

No capítulo anterior, mencionamos que as diretrizes horizontais dos Dez Mandamentos são cumpridas quando estamos corretamente relacionados com Deus. Como vimos aqui, o perfeito amor de Deus, mediado pelo Espírito Santo, nos liberta do temor, do egocentrismo, e da autoproteção, capacitando-nos a vivermos vidas centradas nos outros e que refletem a Sua natureza. Em outras palavras, quando conhecemos o amor do Pai, estamos seguros em Seu amor, e, assim, ficamos plenos. Quando estamos plenos, sabemos que não temos nada a temermos, nada para provarmos, nada a escondermos, e nada a perdermos. Isso nos liberta para sermos centrados nos outros, como o Pai, Filho, e Espírito Santo. Essa maneira de ser cumpre os últimos seis Mandamentos (ou "Palavras"):

> *"Honra teu pai e tua mãe, para que os teus dias sejam longos na terra que o Senhor teu Deus está te dando"*
> (Êx 20.12).

Quando você sabe que no Pai você é totalmente amado, completamente aceito, e está perfeitamente seguro, você não depende dos seus pais para o que você pode receber deles. O seu amor por eles não será condicionado pelo quão perfeitos ou imperfeitos eles são, mas você poderá buscar maneiras de compartilhar o amor incondicional de Deus com eles e honrá-los.

"Não matarás" (Êx 20.13).

Quando você sabe que no Pai você é totalmente amado, completamente aceito, e está perfeitamente seguro, você sequer contempla o desejo de que a vida de alguém seja encurtada para o seu benefício. Jesus disse que o ódio é equivalente ao homicídio. Ele está falando sobre a atitude que diz: "Quisera eu que você estivesse morto!" Talvez achemos que as nossas vidas estariam melhor se pudéssemos nos livrar de certas pessoas. Mas, à medida que permitimos que o amor incondicional de Deus venha a fluir através de nós, podemos ver os outros da maneira como Deus os vê, e somos capacitados a perdoarmos e abençoarmos até mesmo os nossos piores inimigos. Portanto, quando somos plenos n'Ele, não matamos.

"Não adulterarás" (Êx 20.14).

Quando você sabe que no Pai você é totalmente amado, completamente aceito, e está perfeitamente seguro, você não tem a necessidade de satisfazer impulsos sexuais de maneiras inapropriadas. Quando há sofrimentos e achamos que algo está faltando em nossas vidas, tentamos preencher o vazio com as paixões da carne. Mas isso só nos deixa querendo mais. Em contraste, quando estamos cheios com o amor do Pai, não sentimos a necessidade de preenchermos um vazio. Podemos encontrar a nossa plenitude n'Ele. Portanto, quando somos plenos n'Ele, não adulteramos.

> *"Não furtarás"* (Êx 20.15).

Quando você sabe que no Pai você é totalmente amado, completamente aceito, e está perfeitamente seguro, você não tenta obter o que você precisa, tomando-o de outros. Você sabe que Deus é um bom Pai que suprirá todas as suas necessidades. Sendo esse o caso, por que você roubaria?

> *"Não darás falso testemunho contra o teu próximo"*
> (Êx 20.16).

Quando você sabe que no Pai você é totalmente amado, completamente aceito, e está perfeitamente seguro, você não procura maneiras de degradar os outros. Quando estamos inseguros, procuramos maneiras de nos sentirmos melhor com relação a nós mesmos. Isso pode envolver a fofoca, falsas acusações, ou julgamentos. Mas, se estivermos plenos em Deus, poderemos celebrar os sucessos uns dos outros, sabendo que o nosso valor não é absolutamente diminuído, porque é determinado pelo nosso Pai, e pelo nosso Pai somente.

> *"Não cobiçarás a casa do teu próximo; não cobiçarás*
> *a esposa do teu próximo, ou o seu servo, ou a sua serva,*
> *ou o seu boi, ou o seu jumento, ou qualquer coisa que é*
> *do teu próximo"* (Êx 20.17).

Quando você sabe que no Pai você é totalmente amado, completamente aceito, e está perfeitamente seguro, você não cobiça o que os outros têm. Se acharmos que o nosso valor é determinado pelas nossas realizações ou posses materiais, procuraremos maneiras de avançarmos, até mesmo se isso significar pisarmos nos outros enquanto subimos a "escada do sucesso". Quando achamos que precisamos proteger a nós mesmos, mentimos e enganamos para obtermos o que achamos que precisamos. Mas, quando conhecemos o amor de Deus, aprendemos a estarmos contentes com o que temos. Podemos descansar, seguros em Seu amor.

Conclusão

Neste capítulo, dissemos que a verdadeira liberdade não é a ausência de problemas, obstáculos, ou confinamentos. Não é a possibilidade de fazermos tudo o que quisermos. Pelo contrário, é a liberdade da autopreservação, a liberdade da necessidade de buscarmos os nossos próprios interesses. É a liberdade de sermos centrados nos outros, a liberdade de respondermos a Deus sem temor ou hesitação. É a liberdade de escolhermos a vida e de vivermos em santidade. O maior obstáculo a essa vida de liberdade é o temor, pois ele faz com que vivamos na defensiva e que cuidemos dos nossos próprios interesses. Mas Deus nos relembra que Ele está *conosco* e que Ele é *por* nós. Assim sendo, não temos nada a temermos.

Para que vivêssemos em liberdade, Deus nos deu o Seu Espírito Santo, o qual é o Mediador do amor e da presença de Deus, nos dá esperança, nos molda à imagem de Jesus, muda os nossos desejos, e nos capacita a vivermos de acordo com a perfeita vontade de Deus. Não somente isso, mas o Espírito Santo também produz o Seu fruto em nossas vidas – fruto que manifesta a vida de Deus em nós e através de nós. O fruto do Espírito é a chave para uma plenitude relacional, e, como tal, a chave para uma plenitude de vida.

- Pelo fato de que somos totalmente amados, totalmente aceitos, e estamos seguros no amor de Deus, somos livres para servirmos.
- Pelo fato de que somos totalmente amados, totalmente aceitos, e estamos seguros no amor de Deus, somos livres para amarmos os outros.
- Pelo fato de que somos totalmente amados, totalmente aceitos, e estamos seguros no amor de Deus, somos livres para darmos de nós mesmos aos outros.
- Pelo fato de que somos totalmente amados, totalmente aceitos, e estamos seguros no amor de Deus, somos livres para sermos santos, assim como Ele é santo.

Reflexão

Pense (ou peça que o Espírito Santo o relembre) numa situação difícil ou dolorosa de sua vida em que você questionou se Deus estava com você. Faça-Lhe as seguintes perguntas. Em cada uma delas, fique em silêncio e permita que Ele fale com você. Talvez Ele lhe responda com uma palavra, um quadro, uma visão, ou um sentimento em seu espírito. Concorde com Ele com relação a qualquer coisa que Ele lhe mostrar:

- *Abba*, onde estavas quando isso aconteceu?
- *Abba*, o que sentiste quando isso aconteceu?
- *Abba*, o que queres dizer-me sobre essa situação?

- *Abba*, será que há uma mentira na qual acreditei sobre Ti por causa dessa situação?
- *Abba*, o que queres dar-me em troca dessa dor?

Oração

*"Pai, agradeço-Te porque Tu sempre estás **comigo**, e que Tu és **por** mim. Até mesmo nas ocasiões em que não senti a Tua presença, reconheço que tens estado ao meu lado. Agradeço-Te por ter enviado a Jesus para levar toda a minha dor, a minha fraqueza, e o meu temor, e por fazer-me pleno. Recebo o Teu amor perfeito, que expulsa todo temor. Concede-me que eu seja fortalecido com poder através do Espírito Santo no meu homem interior, para que Cristo habite em meu coração através da fé, para que, estando arraigado e estabelecido em amor, eu possa compreender com todos os santos qual é a largura e comprimento e profundidade e altura e conhecer o amor de Cristo que excede o entendimento, para que eu seja cheio com toda a Tua plenitude. Em nome de Jesus. Amém."*

Discussão em Grupo

1. Contraste a noção de "liberdade *de*" e "liberdade *para*". Como a ideia de liberdade em Cristo é diferente das ideias de liberdade adotadas pelos que não conhecem a Cristo?

2. Discuta porque o temor é o maior inibidor de ações centradas nos outros. Você consegue pensar em alguns exemplos disso?

3. Como o fato de sabermos que Deus está *conosco* e que Ele é *por* nós nos ajuda a vivermos uma vida de santidade?

4. Qual aspecto da obra do Espírito Santo em nossas vidas é mais notável para você? Por quê?

CAPÍTULO

Os Dons do Pai

*Se vocês, então,
ainda que sejam maus,
sabem como dar boas
dádivas aos seus
filhos, quanto mais
o seu Pai Celestial
dará boas dádivas
aos que Lhe
pedirem! – Jesus*

CAPÍTULO 9 - *Os Dons do Pai*

Você já se perguntou por que Deus pediria a Abraão para oferecer a Isaque em holocausto? Muitas passagens do Antigo Testamento esclarecem que essa prática é detestável a Deus.[99] Contudo, vemos em Gênesis 22 que Deus pediu a Abraão para sacrificar o seu filho a Ele. A pergunta é: "Por que Deus faria isso?" Tenho ouvido alguns dizendo que Deus queria testar a Abraão – testar a sua fé, como se Ele não soubesse o que Abraão faria. Outra possibilidade é que Deus queria que Abraão soubesse onde estava a sua própria fé. Mas quero oferecer-lhe uma possibilidade diferente. Pense nisso: Abraão havia saído de Ur dos caldeus. Ele era um pagão, e, nessa cultura, era uma prática comum oferecerem os seus filhos a Moloque, o deus deles, como uma forma de demonstrarem a sua fidelidade a ele. A mentalidade era que, através dessa forma de adoração, eles poderiam cair na "graça" dos deuses. Aí então os deuses ficariam satisfeitos com eles e fariam favores a eles.

Nessa interação entre Deus e Abraão, Deus estava lidando com Abraão de acordo com o seu contexto – nos termos que Abraão poderia entender. É como se Deus estivesse dizendo: "Vá em frente. Essa é a sua prática. É assim que você acha que as coisas funcionam. Vá em frente e faça isso. Ofereça-Me o seu filho." Abraão estava fazendo algo que era completamente normal para ele. Parece loucura para nós porque vivemos num mundo diferente, com costumes diferentes, mas, para ele, era perfeitamente normal que um deus pedisse esse tipo de sacrifício.

Abraão segue o plano. Ele não tem nenhum problema com isso. E, na verdade, obtemos um vislumbre do relacionamento de Abraão com Deus. Ele sabe que há algo diferente com relação a esse Deus, porque Abraão diz a Isaque: "Meu filho, Deus suprirá para Si o cordeiro para um holocausto." Exatamente como Abraão havia imaginado, ao erguer a sua mão para matar o seu filho, o Anjo do Senhor o impede e lhe mostra um carneiro que havia ficado preso numa moita. Abraão pega o carneiro e o oferece como holocausto, ao invés do seu filho.

> *"Assim sendo, Abraão chamou o nome desse lugar 'O Senhor proverá'"* (Gn 22.14) [100]

O objetivo dessa história é o seguinte: Deus Se revela de uma maneira muito singular: "Eu não sou como os outros deuses. Não sou como os deuses que você tem servido e que o seu povo tem servido. Não estou *lhe* pedindo para sacrificar pelo *Meu* benefício. Eu, o Senhor, proverei a Minha própria oferenda." Deus revela algo da Sua natureza. Ele está Se revelando como um Deus que dá, como Deus, o Provedor. Essa é a Sua natureza. O nosso Pai é um Deus doador. Ele não retém coisas boas. Ele não está buscando o que podemos dar-Lhe, mas, pelo contrário, Ele Se deleita em dar-nos coisas boas. Jesus disse:

> *Se vocês, então, que são maus, sabem como dar boas dádivas aos seus filhos, quanto mais o seu Pai Celestial dará boas dádivas aos que Lhe pedirem!"* (Mt 7.11).

O *Abba* é um Pai doador. O que Ele dá? É o que abordaremos neste capítulo.

Deus Dá de Si Mesmo

Primeiramente, Deus dá de Si mesmo. Precisamos entender que todas as coisas que Deus dá são primariamente uma doação de Si mesmo. Em capítulos anteriores, estabelecemos que a maneira de ser de Deus é amor infinito, transbordante, efusivo, altruísta. Pelo fato de que Deus é amor, Deus é altruísta. Vemos isso no ato da Criação, no ato da Redenção, e no processo de restauração.

No ato da Criação, vemos Deus dando de Si mesmo. Lembre-se da narrativa da criação da humanidade:

> *"Aí então Deus disse: 'Façamos o homem à Nossa imagem, conforme à Nossa semelhança. E que tenham domínio sobre os peixes do mar e sobre as aves dos céus e sobre o gado e sobre toda a terra e sobre todo réptil que se arrasta sobre a terra.'*
>
> *"Assim sendo, Deus criou o homem à Sua própria imagem, à imagem de Deus o criou, macho e fêmea os criou"* (Gn 1.26,27).

Deus havia criado os planetas, as águas, a terra, e os céus, e todos os tipos de animais. Mas, quando Ele criou a humanidade, Ele fez algo singular. Com a narrativa de Gênesis 1, tudo o que sabemos é que Deus nos criou. Mas, em Gênesis 2, vemos um quadro mais claro, que mostra como Deus dá de Si mesmo ao dar-nos a vida:

> *"Aí então, formou o Senhor Deus o homem do pó da terra e soprou em suas narinas o sopro de vida, e o homem tornou-se uma criatura viva"* (Gn 2.7).

Deus não somente formou cada um de nós, mas Ele também nos deu o espírito de vida. João diz que Deus é um Espírito (João 4.24), e que em Jesus estava a vida (João 1.4; 11.25). Como seres humanos, temos vida porque Deus nos deu um depósito de Si mesmo. Com todo suspiro que damos, podemos relembrar que temos vida somente porque o *Abba* é um Pai doador, que dá de Si mesmo.

Deus não somente nos dá o sopro de vida, mas Ele também nos dá dons – personalidades, características, talentos e capacidades singulares – como Seu selo de propriedade. [101] Deus criou a humanidade como Sua parceira no governo sobre a Criação. O Pai, Filho e Espírito Santo poderiam fazer tudo o que quisessem fazer pelo simples fato de falarem uma só palavra. Mas escolheram envolver a você e a mim – até mesmo em nossas limitações – para cumprirem o Seu plano para todo o Universo criado. Com esse objetivo, Deus fez um depósito de Si mesmo em cada um de nós, e Ele nos chama para usarmos esses dons para servirmos aos outros, como um reflexo da Sua vida em nós, e como um testemunho da Sua bondade.

Como vimos anteriormente, a intenção original de Deus era que desfrutássemos da plenitude de vida num relacionamento e parceria com Eles (Pai, Filho e Espírito Santo). Mas, quando Adão e Eva comeram da Árvore do Conhecimento do Bem e do Mal, eles essencialmente escolheram viver uma vida independente do seu Criador. Essa separação de Deus, a qual resulta numa autossuficiência e egocentrismo, traz uma morte espiritual. O desejo de Deus para nós não mudou, mas não tínhamos nenhum poder em nós mesmos para restaurarmos o relacionamento e recebermos uma nova vida. Precisávamos de salvação, e, assim sendo, Deus tomou a iniciativa de redimir-nos e trazer-nos à vida uma vez mais.

No ato da Redenção, vemos Deus dando de Si mesmo:

"Porque Deus amou o mundo de tal maneira que deu o Seu Filho Unigênito, para que todo aquele que n'Ele crê não pereça, mas tenha a vida eterna" (Jo 3.16).

Como o meu mentor Wess Pinkham gosta de dizer, "quando Deus dá uma dádiva, Ele a embrulha numa Pessoa. Ele não envia simplesmente uma mensagem. Ele envia uma Pessoa." Deus amou o mundo de tal maneira que deu o Seu Filho. O próprio Deus veio até nós na forma de Jesus – plenamente Deus e plenamente Homem. Deus tornou-Se Um conosco e nos deu a salvação. Se Deus estivesse buscando uma expiação judicial, um simples decreto teria sido suficiente. Mas Ele busca um relacionamento. Assim sendo, tudo o que Ele faz, Ele o faz relacionalmente. Ele não dá a salvação simplesmente como uma dádiva, mas Ele próprio Se torna a dádiva. Na Pessoa de Jesus Cristo, somos salvos.

O ato de Jesus da salvação inicia um processo de restauração – para cada um de nós e para toda a Criação. Nesse processo de restauração, vemos Deus dando de Si mesmo uma vez mais. Na última noite que Jesus passou com os Seus discípulos antes de ir para a Cruz, Ele prometeu a vinda do Espírito Santo:

> *"E Eu pedirei ao Pai, e Ele lhes dará um outro Ajudador, para que esteja com vocês para sempre, o Espírito da verdade, a quem o mundo não pode receber, porque não O vê nem O conhece. Vocês O conhecem, porque Ele habita com vocês e estará dentro de vocês. Não os deixarei como órfãos. Eu voltarei a vocês"* (Jo 14.16-18).

Sendo fiel à Sua promessa, depois que Jesus foi crucificado, porém antes que ascendesse à direita do Pai, Jesus encontrou-Se com os Seus discípulos em Cafarnaum:

> *"Ele soprou sobre eles e disse-lhes: 'Recebam o Espírito Santo"* (Jo 20.22).

Nesse ponto, os Seus discípulos nasceram de novo – nascidos do Espírito para uma novidade de vida. Sempre que recebemos Jesus como nosso Senhor e Salvador, Ele sopra sobre nós e recebemos o Espírito Santo. O próprio Deus vem morar dentro de nós, para conduzir-nos e guiar-nos a toda a verdade, para ensinar-nos, e para dar-nos tudo o que precisamos para cumprirmos a vontade perfeita do Pai para as nossas vidas.

Depois que Jesus soprou sobre os Seus discípulos, Ele lhes disse para irem a Jerusalém e que esperassem. O Pai estava para dar-lhes ainda mais. Deus não nos chamou para andarmos nesta vida com o nosso esforço próprio, mas Ele mesmo nos dá o poder que precisamos para participarmos da Sua missão e assim vivenciarmos uma plenitude de vida. Jesus disse o seguinte aos Seus discípulos:

> *"Eis que estou enviando a promessa do Meu Pai sobre vocês. Mas fiquem na cidade até que vocês sejam revestidos de poder do alto"* (Lc 24.49).

Essa promessa foi cumprida em Atos 2. Quando o Dia de Pentecostes havia chegado, todos eles estavam em comum acordo, num cenáculo de Jerusalém.

> *"De repente, veio do Céu um som como de um vento veemente e impetuoso, e encheu toda a casa em que estavam assentados. E línguas repartidas como que de fogo apareceram-lhes e pousaram sobre cada um deles. E foram todos cheios com o Espírito Santo e começaram a falar em outras línguas conforme o Espírito lhes concedia que falassem"* (At 2.2-4).

O que é esse poder que Ele dá? O poder prometido pelo Pai e proclamado por Jesus não é nada além do próprio Deus – o Deus Espírito Santo. Essa mesma promessa está disponível a nós hoje. Recebemos o poder do Espírito Santo numa medida transbordante. E, através do Espírito Santo, recebemos tudo o que o Pai tem para nós. [102]

O Espírito Santo está ativo no mundo hoje para cumprir a missão do Pai de restaurar toda a Criação ao Seu propósito original. Algumas das maneiras com as quais Ele opera estão descritas em 1 Coríntios 12 como *"manifestações do Espírito, dadas para o benefício de todos."* Onde há uma necessidade de discernimento, o Espírito Santo manifesta o amor, a compaixão, e o poder de Deus através de uma palavra de sabedoria, uma palavra de conhecimento, ou um discernimento de espíritos. Onde há uma necessidade de edificação, exortação, consolo, ou direcionamento, o Espírito Santo manifesta o amor, a compaixão, e o poder de Deus através de uma profecia, ou uma mensagem numa língua desconhecida, juntamente com a interpretação dessa língua. Onde há uma necessidade de coisas específicas a serem feitas, o Espírito Santo manifesta o amor, a compaixão, e o poder de Deus através de um dom da fé, dons de curas, ou a operação de milagres. Todas essas manifestações são sobrenaturais por natureza. Elas transcendem a capacidade humana, mas geralmente são dadas pelo Espírito Santo em parceria com vasos humanos que estejam dispostos a cooperarem com Ele em Sua missão de restauração. [103]

Como já vimos, no ato da Criação, Deus dá de Si mesmo. No ato da Redenção, Deus dá de Si mesmo. E, no processo de restauração, Deus dá de Si mesmo. O *Abba* é um Pai doador, que dá de Si mesmo. Pela Sua graça, Ele nos dá tudo o que precisamos.

Graça

A definição mais comum de "graça" é "o favor imerecido de Deus". Significa que tudo o que Deus nos dá, Ele nos dá de bom grado. Não temos que merecê-lo. Na verdade, não conseguimos. A bondade do Pai para conosco origina-se em Sua maneira de ser, que é o amor – e não por nada que tenhamos feito (ou que jamais poderíamos fazer) para merecê-lo. Algumas definições adicionais nos ajudarão a entendermos a graça de Deus.

Em 2 Coríntios 12, o próprio Jesus define a graça em termos práticos. Paulo havia estado perguntando a Deus sobre o *"espinho na carne"* [104] – algo que continuava causando-lhe problemas onde quer que ele fosse. Paulo chama isso de um *"mensageiro de Satanás para esbofetear-me."* Obviamente, isso era uma fonte de dor, e algo que Paulo via como um obstáculo em sua vida. Com relação a isso, Jesus responde o seguinte:

"A Minha graça é suficiente para você, pois o Meu poder se aperfeiçoa na fraqueza" (2 Co 12.9).

Aqui Jesus define a graça em termos práticos como "o poder de Deus no ponto da nossa fraqueza, da nossa necessidade." Com relação à salvação, o próprio Deus veio para nos resgatar e fez por nós o que não poderíamos fazer por nós mesmos. Isso é a graça. Mas a aplicação é muito mais ampla do que somente a salvação. Deus Se coloca à nossa disposição para que, quaisquer que sejam as nossas fraquezas, o Seu poder esteja disponível para ajudar-nos.

De acordo com o *Exegetical Dictionary of the New Testament*, a palavra grega χάρις (graça) era usada em escritos não cristãos para se referir a uma abertura livre, não coerciva, alegremente concedida de uns para os outros. [105] Esse era o entendimento do contexto original em que os escritores do Novo Testamento descreveram a maneira de ser de Deus para conosco. Já vimos que Deus liberalmente dá de Si mesmo, não porque estejamos merecendo, mas porque é a Sua maneira de ser. O amor do Pai, Filho e Espírito Santo é tal que Eles dão de Si mesmos liberalmente, sem coerções, e alegremente. O nosso Deus é um Deus compassivo, que nos convida a aproximarmo-nos e pedir-Lhe o que precisamos.

> *"Porque não temos um Sumo Sacerdote que seja incapaz de compadecer-Se das nossas fraquezas, mas um que em todos os aspectos foi tentado como nós somos, porém sem pecado. Vamos então, com confiança, nos aproximar do trono da graça, para que possamos receber misericórdia e encontrar a graça que nos ajude em tempos de necessidade"*
> (Hb 4.15,16).

Quais são algumas das coisas que precisamos? E como Deus nos dá essas coisas? Não temos espaço para falarmos sobre todas as possibilidades, mas a exploração de algumas salientes deveria nos convencer da disponibilidade de Deus de dar-nos de Si mesmo para suprir todas as nossas necessidades.

Paz

A paz é um fruto do Espírito Santo. É algo que Ele produz em nós pela Sua presença. Na verdade, quando Jesus estava falando com os Seus discípulos, Ele prometeu uma dádiva de paz:

CAPÍTULO 9 - *Os Dons do Pai*

> *"Essas coisas vos tenho falado, enquanto ainda estou convosco. Mas o Ajudador, o Espírito Santo, a quem o Pai enviará em Meu nome, Ele vos ensinará todas as coisas e vos fará lembrar de tudo quanto vos tenho dito. Deixo-vos a paz, a Minha paz vos dou. Não como o mundo a dá, Eu vo-la dou. Não se turbem os vossos corações, nem se atemorizem"* (Jo 14.25-27).

Observe que Jesus declarou que a Sua paz é diferente da noção do mundo sobre a paz. No mundo, a paz é a ausência de problemas. Mas Jesus sabia que neste mundo caído teríamos tribulações. No entanto, Ele prometeu um tipo diferente de paz. É uma paz em meio à tempestade. É a paz mediada pela presença do Espírito Santo. Ele próprio é a nossa paz. Quando estamos em Sua presença, os nossos problemas ficam na perspectiva correta. Foi por isso que Paulo pôde dizer:

> *"Não andem ansiosos por coisa alguma, mas, em tudo, pela oração e súplica com ações de graças, sejam os seus pedidos conhecidos diante de Deus. E a paz de Deus, que excede todo entendimento, guardará os seus corações e os seus pensamentos em Cristo Jesus"* (Fp 4.6,7).

A paz de Deus ultrapassa todo o entendimento humano porque não é circunstancial. Quando estamos em Sua presença, podemos ter paz.

Alegria

A alegria é um subproduto de permanecermos no amor do Pai. É um fruto do Espírito que não depende das circunstâncias. Davi disse:

> *"Tu me revelas o caminho da vida; na Tua presença há plenitude de alegria; à Tua mão direita há delícias perpetuamente"* (Sl 16.11).

E Jesus proclama:

> *"Como o Pai me amou, assim também Eu os amei. Permaneçam no Meu amor. Se vocês guardarem os Meus mandamentos, vocês permanecerão no Meu amor – do mesmo modo que tenho guardado os mandamentos de Meu Pai e permaneço em Seu amor. Essas coisas lhes tenho dito, para que a Minha alegria esteja em vocês, e que a sua alegria seja plena"*
> (Jo 15.9-11).

Semelhantemente à paz, podemos estar no meio de problemas e ainda assim termos alegria. Podemos estar numa profunda tristeza – até mesmo numa angústia – e ainda assim ter alegria. A alegria é uma característica de sabermos que, em Deus, tudo está bem. Não significa que ignoramos a nossa situação. Não é uma questão de estoicismo, e sim uma dádiva da presença de Deus. O mundo pode estar se desmoronando ao nosso redor, mas sabemos que estamos em segurança nos braços do Pai. Seja o que for que estejamos enfrentando, quando permanecemos no amor do Pai, podemos ter a Sua dádiva da alegria.

Cura

A Bíblia é clara ao demonstrar que a cura é geralmente a vontade de Deus. Isso pode ser visto em três áreas principais: primeiramente, no nome de Deus *YHWH Rapha:*

> *"Se ouvires atentamente a voz do Senhor teu Deus, e fizeres o que é reto diante de Seus olhos, e inclinares os ouvidos aos Seus mandamentos, e guardares todos os Seus estatutos, sobre ti não colocarei nenhuma das enfermidades que coloquei sobre os egípcios, porque Eu sou o Senhor que te cura"*
> (Êx 15.26).

Depois que os israelitas cruzaram o Mar Vermelho, Deus revelou-Se como *YHWH Rapha*, que significa *"Eu sou o Senhor que te cura"*. Nessa revelação, Ele claramente demonstrou a Sua vontade com relação à saúde e a plenitude. A cura não é simplesmente algo que Deus faz. É quem Ele é. A cura faz parte da Sua natureza. [106]

Em segundo lugar, a cura é um benefício da Cruz. Em Sua morte, Jesus levou sobre Si todas as nossas enfermidades:

> *"Mas Ele foi transpassado por causa das nossas transgressões, e esmagado por causa das nossas*

iniquidades; sobre Ele estava o castigo que nos trouxe a paz, e pelos Seus ferimentos somos curados"
(Is 53.5).

Mateus faz um comentário sobre essa passagem de Isaías, observando que Jesus expulsava espíritos malignos e curava todos os que estavam enfermos a fim de cumprir o que Isaías havia falado:

> *"Caída a tarde, trouxeram-Lhe muitos que eram oprimidos por demônios, e Ele expulsou os espíritos com uma palavra e curou todos os que estavam enfermos. Isso aconteceu para que se cumprisse o que havia sido dito pelo profeta Isaías: 'Ele tomou sobre Si as nossas enfermidades e levou as nossas doenças"*
> (Mt 8.16,17).

Isaías estava antevendo os benefícios da Cruz. Jesus os vivenciou na prática durante o Seu ministério terreno, e Pedro, olhando para trás para a Cruz, confirmou que a cura já havia sido fornecida:

> *"Ele próprio levou os nossos pecados em Seu corpo sobre o madeiro, para que pudéssemos morrer para o pecado e viver para a justiça. E pelos Seus ferimentos vocês foram curados"*
> (1 Pe 2.24).

Em terceiro lugar, e o mais importante, sabemos que a cura é a vontade de Deus porque, como estabelecemos, Jesus revela o caráter do Pai. Uma olhada nos milagres de Jesus e em Sua atitude com relação às enfermidades revela o coração do *Abba* sobre a cura. Uma vez que Jesus saía em toda parte, curando a todos os que eram oprimidos pelo diabo, sabemos que o caráter do Pai é hostil contra as enfermidades. [107]

Muitos de nós já tivemos experiências em que buscamos a Deus por uma cura (de nós mesmos ou de um ente querido) e não recebemos o resultado esperado. Ao enfrentarmos esse mistério, precisamos nos lembrar que a vontade de Deus não é feita perfeitamente na terra. Ao lidarmos com as enfermidades, estamos confrontando o pecado, seres demoníacos, e muitíssimos fatores psicológicos, físicos e espirituais complexos. [108] Mas não vamos ficar confusos com relação ao caráter do nosso Pai. Deus sempre é bom. Ele sempre quer o melhor para nós. Sempre há coisas além do nosso entendimento, mas podemos confiar em Seu amor e lembrar que Ele é quem nos cura e que Ele está operando para o nosso bem.

Provisão

A provisão é outra dádiva proveniente de Deus que está arraigada em quem Ele é. Como vimos na introdução deste capítulo, em Gênesis 22, uma das primeiras revelações de Si mesmo é que Ele é *YHWH Yireh*, "*o Senhor proverá*". Isso é demonstrado no ministério de Jesus, onde vemos que Jesus supriu uma variedade de necessidades. Em alguns casos, Ele forneceu comida para os famintos (Mc 6.34-44; 8.1-9; Mt 14.13-21; 15.32-39; Lc 9.12-17; Jo 6.5,6). Ele ajudou os Seus discípulos a cumprirem as suas obrigações financeiras (Mt 17.24-27). Vemos até mesmo Jesus fornecendo algo aparentemente trivial como o vinho numa celebração de casamento (Jo 2.1-11). Na Parábola do Filho Pródigo, Jesus nos mostra o quadro mais claro do *Abba*, e Ele é retratado como um Pai generoso, que compartilha todos os Seus recursos com os Seus filhos. Ele não é avarento!

No Sermão do Monte, Jesus faz uma declaração sobre o cuidado do *Abba* conosco. Ele nos diz que não precisamos nos preocupar, pois o Pai não quer que soframos nenhuma falta das coisas:

> *"Portanto vos digo: Não estejais ansiosos quanto à vossa vida, pelo comereis, ou pelo que bebereis; nem quanto ao vosso corpo, pelo que vestireis. Não é a vida mais do que o alimento, e o corpo mais do que o vestuário?*
>
> *Olhai para as aves do céu: elas não semeiam, nem ceifam, nem ajuntam em celeiros, e o vosso Pai Celestial as alimenta. Não valeis vós muito mais do que elas? E qual de vós, pelo fato de ficarem ansiosos, pode acrescentar uma hora sequer à sua vida?*
>
> *E por que estais ansiosos com as vestimentas? Olhai os lírios do campo, como crescem: não trabalham nem fiam. Contudo vos digo que nem mesmo Salomão em toda a sua glória se vestiu como um deles. Mas, se*

> *Deus assim veste a erva do campo, que hoje está viva e amanhã é lançada no forno, será que Ele não vestirá mais a vós, ó homens de pouca fé?*
>
> *Portanto, não estejais ansiosos, dizendo: 'O que comeremos?' ou 'O que beberemos?' ou 'O que vestiremos?' Porque a todas essas coisas os gentios procuram, e o vosso Pai Celestial sabe que precisais de todas elas. Mas buscai primeiro o Reino de Deus e a Sua justiça, e todas essas coisas vos serão acrescentadas.*
>
> *Portanto, não estejais ansiosos pelo dia de amanhã; porque o dia de amanhã terá as suas próprias ansiedades. Basta a cada dia o seu próprio mal"*
> (Mt 6.25-34).

Deus é um Supridor generoso. Como Seus filhos, podemos descansar seguros de que teremos o que precisamos ter quando precisarmos tê-lo. No entanto, em luz da generosidade do *Abba*, Jesus nos adverte contra sermos arrebatados por noções materialísticas e consumistas. Ele promete suprir as nossas necessidades, e não necessariamente os nossos desejos.

> *"Acautelai-vos e guardai-vos de toda espécie de cobiça, porque a vida do homem não consiste na abundância das coisas que possui"* (Lc 12.15).

Em nosso contexto ocidental, achamos que as riquezas ou a pobreza são os maiores determinantes do bem-estar, e, assim sendo, quando falamos sobre provisão, a primeira coisa que vem à mente é a provisão material. Mas Deus está interessado em muito mais do que isso. O Seu desejo é que tenhamos tudo o que precisamos para fazermos a Sua vontade – quer seja recursos materiais, conhecimento por revelação, relacionamentos saudáveis, oportunidades, habilidades, etc. Dallas Willard diz isso da seguinte forma: "Sob o governo de Deus, os ricos e os pobres não têm nenhuma vantagem necessária sobre os outros com relação ao bem-estar ou a fazerem o bem nesta vida ou na próxima." [109] Deus, pela Sua graça, nos dá o que precisamos para cumprirmos o nosso propósito e desfrutarmos de uma plenitude de vida. Nas palavras de Paulo:

> *"Deus é poderoso para fazer com que toda a graça lhes seja abundante, a fim de que, tendo sempre, em tudo, toda a suficiência, vocês sejam abundantes em toda boa obra... Aquele que fornece a semente ao semeador e o pão para comer fornecerá e multiplicará a sua sementeira e aumentará a colheita da sua justiça. Vocês serão em tudo enriquecidos para a generosidade em todos os aspectos, a qual, através de nós, produzirá ações de graças a Deus"* (2 Co 9.8,10,11).

Esses versículos nos dão uma boa definição de prosperidade: "termos tudo o que precisamos para fazermos a vontade de Deus com o suficiente de sobra para sermos generosos em todas as ocasiões." Observe que, pela

Sua graça, Deus fornece muito mais do que recursos materiais. Lembre-se que definimos a graça como a força (ou poder) de Deus no ponto da nossa necessidade. Podemos expandir essa definição e dizermos que a graça é a provisão de Deus no ponto da nossa necessidade. Ele próprio vem em nosso auxílio, não importando qual seja a nossa fraqueza. Nesses versículos, Paulo reitera a promessa de Jesus de que o Pai suprirá o que precisarmos, quando precisarmos.

Deus, o nosso Supridor, nos dá muito mais do que posses materiais. Ele nos dá coisas de uma qualidade mais rica – as coisas intangíveis que o dinheiro não pode comprar. Como já vimos, pela Sua graça, Deus nos dá alegria, paz e saúde. Pela Sua graça, Deus também nos dá revelações, conhecimento e entendimento:

> *"Ainda tenho muitas coisas que vos dizer, mas não podeis suportá-las agora. Quando vier o Espírito da verdade, Ele vos guiará a toda a verdade, porque não falará pela Sua própria autoridade, mas tudo o que tiver ouvido dirá, e vos declarará as coisas vindouras. Ele Me glorificará, porque receberá do que é Meu e vo-lo anunciará. Tudo o que o Pai tem é Meu. Portanto, Eu vos disse que Ele receberá o que é Meu e vo-lo declarará"* (Jo 16.12-15).

> *"Se algum de vós tem falta de sabedoria, peça-a a Deus, que a todos dá liberalmente e não censura, e ser-lhe-á dada"* (Tg 1.5).

Deus não é uma máquina de venda automática cósmica, com a obrigação de dar-nos o que quisermos. Mas tampouco Ele é relutante em fornecer-nos o que precisamos. Jesus compara a generosidade do Pai com a nossa própria generosidade e nos revela sem sombra de dúvida que o *Abba* é muito mais generoso do que percebemos:

> *"Pedí, e dar-se-vos-á; buscai, e achareis; batei e abrir-se-vos-á. Pois todo o que pede, recebe, e quem busca, acha; e ao que bate, abrir-se-lhe-á. Ou qual dentre vós é o homem que, se o seu filho pedir-lhe pão, lhe dará uma pedra? Ou, se pedir-lhe peixe, lhe dará uma serpente? Se vós, pois, sendo maus, sabeis dar boas dádivas a vossos filhos, quanto mais vosso Pai, que está nos céus, dará boas coisas aos que Lhe pedirem?"* (Mt 7.7-11).

Além disso, Jesus nos diz que podemos ser corajosos ao pedirmos ao *Abba* o que desejamos:

> *"Se vocês permanecerem em Mim, e as Minhas palavras permanecerem em vocês, peçam o que quiserem, e lhes será feito"* (Jo 15.7).

Observe, no entanto, que isso é condicional. Há um aspecto relacional que nos abre a porta para confiantemente pedirmos ao generoso Pai o que desejamos. Quando permanecermos n'Ele, e permitirmos que as

Suas palavras permaneçam em nós, aí então os nossos desejos serão calibrados aos desejos d'Ele. Como vimos no capítulo anterior, quando permitimos que o Espírito Santo opere em nossas vidas, Ele muda os nossos desejos e aí então nos dá o poder de vivermos conformemente. Da mesma maneira, a postura de intimidade que Jesus descreve – permanecendo n'Ele – calibra o nosso coração com o que o Pai quer para nós. Aí então poderemos pedir corajosamente, sabendo que receberemos tudo o que pedirmos.

Obviamente, há um aspecto em que o Pai nos dá dádivas, não porque as necessitemos, nem porque as queiramos, mas simplesmente porque Ele quer mostrar-nos o quanto Ele nos ama. Chamamos isso de "os abraços do *Abba*". Os abraços do *Abba* podem ser tão simples quanto uma florzinha escondendo-se sob uma árvore numa trilha de caminhada no *Grand Canyon*, tão delicada e linda que, ao encontrá-la, não consigo deixar de sorrir. Um abraço do *Abba* pode ser um pôr do sol perfeito no final de um dia atarefado. Um abraço do *Abba* pode ser um estranho que encontramos em nossas férias que por acaso é o perito local e nos dá direcionamentos ao lugar mais bonito da cidade. Um abraço do *Abba* pode ser qualquer uma de várias coisas que nos relembram que Ele nos ama e cuida de nós. Se procurarmos pelos abraços do *Abba*, descobriremos que são muito mais frequentes do que imaginamos.

Conclusão

Neste capítulo, dissemos que o *Abba* é um Pai doador. Ele Se revela como nosso Supridor. No entanto, o que Ele supre não é separado de quem Ele é. No ato da Criação, Deus dá de Si mesmo. No ato da Redenção, Deus dá de Si mesmo. E, no processo de restauração, Deus dá de Si mesmo. O Espírito Santo está ativo no mundo para cumprir a missão do Pai de restauração. Ele dá dádivas que manifestam o amor, a compaixão, e o poder do Pai para restaurar a Criação ao propósito original de Deus. Tudo isso é uma obra da graça – a força de Deus no ponto da nossa necessidade. Pela graça de Deus, podemos ter paz. Pela graça de Deus, podemos ter alegria. Pela graça de Deus, podemos receber cura. E, pela graça de Deus, podemos receber tudo o que precisamos para cumprirmos o nosso propósito e desfrutarmos de uma plenitude de vida. Como Deus distribui as Suas dádivas e dons na terra? Ele o faz através da cooperação humana. Como veremos no próximo capítulo, o Pai nos convida a sermos Seus parceiros em Sua missão.

Reflexão

No Sermão do Monte, Jesus diz que não precisamos nos preocupar com o que comeremos, com o que beberemos, com o que vestiremos, pois o nosso Pai sabe que precisamos dessas coisas. A implicação é que Ele cuidará das nossas necessidades.

Quais são algumas coisas com que você se preocupa? O que você acha que Jesus lhe diria com relação a essas coisas?

Há alguma coisa que lhe causa ansiedade? O que você acha que Jesus lhe diria com relação a isso?

Você tem alguma necessidade específica em sua vida? O que você acha que Jesus lhe diria com relação a isso?

Oração

"Pai, nós Te agradecemos porque Tu és o nosso Provedor, porque és um Pai generoso, e porque cuidas de todas as nossas necessidades. Obrigado por dar de Si mesmo para o nosso bem. Não tinhas que fazê-lo, mas o Teu amor é tão grande que continuas dando, muito embora não o mereçamos. Perdoa-me pelas vezes em que fui ingrato contigo; pelas vezes em que deixei de agradecer-Te pela Tua bondade para comigo; pelas vezes em que não recebi o que eu esperava como resposta às minhas orações. Escolho confiar em Ti e pedir que Tu me enchas com a Tua alegria e paz. Entrego essa situação a Ti. Declaro que Tu és um bom Pai, e escolho descansar em Ti. Em nome de Jesus. Amém."

Discussão em Grupo

1. Como o fato de entendermos a graça de Deus como Sua força no ponto de nossa necessidade o ajuda a aproximar-se de Deus confiantemente em oração?

2. Você consegue pensar em alguns obstáculos que nos impedem de recebermos os muitos dons e dádivas que o Pai dá? O que podemos fazer para vencê-los?

3. Faça uma "lista de gratidão" de todas as coisas que você conseguir identificar que Deus graciosamente já lhe deu. Talvez você queira incluir alguns "abraços do *Abba*". Compartilhe a lista com o seu grupo e explique como que o fato de fazer uma lista assim pode ser útil no aprofundamento do seu relacionamento com Deus.

CAPÍTULO 10

O Chamado do Pai

"Venham a Mim, todos vocês que estão cansados e oprimidos, e Eu lhes darei descanso. Tomem o Meu jugo sobre vocês e aprendam comigo, pois sou manso e humilde de coração, e vocês encontrarão descanso para as suas almas. Porque o Meu jugo é suave e o Meu fardo é leve"
— Jesus.

CAPÍTULO 10 - *O Chamado do Pai*

Em todo este livro focamos quem Deus é. Já que o que cremos sobre Deus determina o que cremos sobre todas as demais coisas, estabelecemos um fundamento que tem implicações em todas as áreas das nossas vidas. O nosso ponto de partida é entendermos que Deus – Pai, Filho, e Espírito Santo – existe eternamente num relacionamento de amor infinito, centrado nos outros, transbordante, e altruísta. Olhamos para a Criação do Pai, a Sua vontade, a Sua missão, os Seus dons e dádivas, e as Suas expectativas e desejos para nós, mostrando que tudo isso flui e transborda da Sua maneira de ser, que é o amor. Pelo fato de que Deus é amor transbordante e infinito, Ele criou um Universo e seres com os quais Ele pudesse compartilhar o Seu amor. Pelo fato de que Deus é amor transbordante e infinito, o Seu desejo é restaurar tudo o que foi destruído pelo pecado. Pelo fato de que Deus é amor transbordante e infinito, Ele tomou a iniciativa de salvar-nos – de tornar-nos plenos, restaurados no relacionamento com Ele. Pelo fato de que Deus é amor transbordante e infinito, Ele nos dá tudo o que precisamos para vivenciarmos uma plenitude de vida – uma vida como Deus a tem. O Pai, Filho e Espírito Santo nos criaram, tanto para um relacionamento como também para uma parceria. Isso é vida abundante!

Agora precisamos perguntar qual é a nossa parte. Como deveríamos viver em luz de quem Deus é, do que Ele fez por nós, e do que Ele liberalmente nos dá? Como respondemos ao convite do Pai a uma plenitude de vida? Em capítulos anteriores, dissemos que, uma vez que Deus nos criou à Sua imagem, experimentamos uma plenitude de vida quando cultivamos relacionamentos plenos e saudáveis com Ele e com outros. Concluímos a nossa jornada juntos, considerando que vivenciamos vidas abundantes e realizadoras quando respondemos ao Seu chamado e participamos da Sua missão de restauração.

Chamados para Estarmos com Ele

Os pastores dizem que a pergunta mais frequente que os seus membros lhes fazem é: "Como posso saber a vontade de Deus para a minha vida?" Não consigo dar-lhe uma resposta conclusiva, mas posso dizer-lhe o seguinte: A vontade do Pai é que você esteja com Ele. Mais importante do que qualquer coisa que façamos, a prioridade é estarmos com Ele. Deus nos criou para o relacionamento, em primeiro lugar. Temos um vislumbre disso no registro de Jesus chamando os Seus doze discípulos:

> *"Depois disso* [Jesus] *subiu ao monte e chamou a Si os que Ele desejava, e vieram a Ele. Então designou doze (a quem também chamou de apóstolos) para que estivessem com Ele e os enviasse a pregar"*
> (Mc 3.13,14).

Jesus os estava chamando, e Ele os prepararia para pregarem e fazerem milagres em Seu nome, mas essa não era a prioridade. A prioridade era que estivessem *com* Ele. O mesmo pode ser dito com relação a você. A vontade de Deus para a sua vida é que você esteja *com* Ele. E desse relacionamento, Ele o preparará; Ele o conectará com pessoas; Ele o capacitará, e Ele lhe mostrará os passos a serem dados. Mas a prioridade é estar com Ele. Jesus esclarece isso:

> *"Naquele dia muitos Me dirão: 'Senhor, Senhor, não profetizamos nós em Teu nome? E em Teu nome não expulsamos demônios? E em Teu nome não fizemos muitas obras poderosas?' Então lhes declararei: 'Nunca vos conheci; apartai-vos de Mim, vós que praticais a iniquidade.'"* (Mt 7.22,23).

Talvez pareça algo rude, mas traz à luz que, para Deus, a prioridade é o relacionamento. Acima de qualquer outra coisa, Ele quer nos conhecer e ser conhecido por nós. Ele quer ter conversas conosco. Ele anseia que Lhe abramos os nossos corações, que O recebamos, que confiemos n'Ele, que compartilhemos com Ele os nossos pensamentos, os nossos sentimentos, as nossas preocupações, as nossas alegrias e tristezas, as nossas vitórias e derrotas. Eu amo os Salmos porque neles vemos que Deus consegue dar conta da nossa honestidade. Não temos que fingir que tudo está bem conosco. Ao invés, podemos nos achegar a Ele com perguntas, com dúvidas, até mesmo com ira. Ele não está atrás da nossa perfeição, mas do nosso coração. O *Abba* nos chama, vez após vez, para nos achegarmos a Ele. E Jesus nos relembra que a permanência n'Ele é a chave para a frutificação:

> *"Permaneçam em Mim, e Eu permanecerei em vocês. Como o galho de si mesmo não pode dar fruto, se não permanecer na videira, assim também vocês, se não permanecerem em Mim. Eu sou a videira; vocês são*

os galhos. Quem permanece em mim e Eu nele, esse é o que dá muito fruto, porque sem Mim vocês nada podem fazer" (Jo 15.4,5).

"Como o Pai Me amou, assim também Eu os amei. Permaneçam no Meu amor" (Jo 15.9).

Quando olhamos para Jesus, vemos o que significa sermos plenamente humanos. Ele era plenamente Deus e plenamente Homem, mas tudo o que Ele fazia na terra, Ele o fazia como ser humano, num relacionamento com o Pai, e pelo poder do Espírito Santo, para mostrar-nos como é a plenitude da humanidade – uma vida num perfeito relacionamento com o *Abba*. Se quisermos seguir o exemplo de Jesus, que seja nisso: que a Sua vida tinha tudo a ver com o Seu *Abba*.

Como Jesus tinha o poder para vencer as tentações? O Seu relacionamento com o Seu *Abba*. Quando Jesus foi batizado, o Espírito Santo veio sobre Ele, e o Pai falou, dizendo: *"Este é o Meu Filho amado, em quem Me comprazo"* (Mt 3.13-17). Aí então, o diabo tentou Jesus três vezes com afirmações condicionais: *"Se és o Filho de Deus..."* (Mt 4.3-6) e *"Se prostrado me adorares"* (Mt 4.9). Todas as vezes, Jesus respondeu citando as Escrituras: *"Está escrito... Nem só de pão viverá o homem, mas de toda palavra que procede da boca de Deus"* (Mt 4.4). *"Não tentarás ao Senhor teu Deus"* (Mt 4.7) e *"Adorarás ao Senhor teu Deus, e só a Ele servirás"* (Mt 4.10). A tentação do diabo era claramente direcionada, não ao chamado ou missão de Jesus, e sim à Sua identidade como Filho de Deus, ao relacionamento de amor desfrutado pelo Deus Triuno. A meta do diabo

CAPÍTULO 10 - *O Chamado do Pai*

não era fazer com que Jesus quebrasse a Lei (uma transgressão judicial), mas fazer com que Ele questionasse o Seu relacionamento com o Pai. Jesus respondeu, citando as Escrituras. Porém, notadamente, o poder para vencer não foi que Ele "falou a Palavra", e sim no fato de que, citando as Escrituras, Ele estava demonstrando que a Sua prioridade era o relacionamento que havia acabado de ser amorosamente confirmado pelo Pai. [110]

É o mesmo com relação a nós. O nosso poder para vencermos as tentações é determinado, não pela nossa força de vontade, nem mesmo pelo quão bem conhecemos as Escrituras, mas pelo nosso relacionamento com o *Abba*. Quando a nossa identidade está firmemente arraigada em Seu amor, podemos enfrentar qualquer obstáculo sem hesitarmos.

Como Jesus vivia em liberdade para servir? A Sua identidade estava arraigada em Seu relacionamento com o *Abba*. Como vimos anteriormente, Jesus sabia que o Pai havia colocado todas as coisas sob o Seu poder e que Ele havia vindo de Deus e estava voltando a Deus. Ele não tinha nada a esconder, nada a provar, nada a temer, nada a perder, e Ele estava livre por causa do Seu relacionamento com o Seu Pai. É o mesmo para nós. A nossa liberdade está arraigada no amor do Pai por nós. [111]

Como Jesus sabia aonde ir, o que fazer, ou o que dizer? Ele passava tempo com o *Abba*. Jesus era consumido com o amor do Pai. O Seu propósito de vida era fazer a obra do Pai. O próprio Jesus disse:

"Quando vocês tiverem levantado o Filho do homem, então saberão que Eu sou, e que nada faço pela Minha

própria autoridade, mas falo exatamente como o Pai Me ensinou. E Aquele que Me enviou está comigo; não Me deixou só, porque sempre faço o que é do Seu agrado" (Jo 8.28,29).

Jesus passava tempo com o Pai, ouvindo a Sua voz, e recebendo instruções para executar a Sua missão. Em todo o Seu ministério, vemos que Ele passava tempo para orar. Ele não fazia nada sem primeiramente conversar com o *Abba*:

> *"Imediatamente, [Jesus] fez com que os Seus discípulos entrassem no barco e fossem adiante d'Ele para o outro lado, enquanto Ele dispensava as multidões. E depois que havia dispensado as multidões, Ele subiu ao monte sozinho para orar. Ao anoitecer, Ele estava lá sozinho"* (Mt 14.22,23).

> *"Naqueles dias Ele subiu ao monte para orar, e, durante toda a noite, Ele continuou em oração a Deus. E, quando amanheceu, Ele chamou os Seus discípulos e escolheu dentre eles doze, os quais Ele chamou de apóstolos"* (Lc 6.12,13).

> *"E, levantando-Se bem cedo, de madrugada, enquanto ainda estava escuro, Ele saiu a um lugar deserto, e aí orava"* (Mc 1.35).

CAPÍTULO 10 - *O Chamado do Pai*

> *"E foram a um lugar chamado Getsêmane. E disse Jesus aos Seus discípulos: 'Fiquem sentados aqui enquanto Eu oro'"* (Mc 14.32).

> *"Mas Ele Se retirava a lugares desertos e orava"*
> (Lc 5.16).

Assim como Jesus cultivava o Seu relacionamento com o *Abba*, passando tempo com Ele, é importante que cultivemos o nosso relacionamento com o Pai. É de suma importância que aprendamos a ouvirmos a Sua voz – a voz de um Pai que está continuamente falando. As palavras que Ele fala para nós são espírito e vida (João 6.63). As Suas palavras são o nosso alimento espiritual primário. Como Jesus disse,

> *"nem só de pão viverá o homem, mas de toda palavra que procede da boca de Deus"*
> (Mt 4.4).

Você consegue imaginar ter um relacionamento com alguém com quem você nunca se comunica? Seria ridículo! É o mesmo com Deus. Se quisermos cultivar um relacionamento com Ele, precisamos nos envolver num diálogo com Ele. É aí que disciplinas espirituais como a oração, o estudo bíblico, a adoração, o jejum, ou a comunhão entram em cena. [112]

Sejamos claros. O propósito das disciplinas espirituais não é provar que somos excelentes cristãos; nem desenvolver a nossa força de vontade, nem fazer com que mereçamos uma boa reputação com Deus.

Não fazemos coisas *para* Deus a fim de sermos amados ou aceitos. Não fazemos coisas *para* Deus a fim de recebermos os Seus benefícios. Como já vimos, o Pai nos ama porque somos d'Ele. Não é que Deus nos ama porque sejamos valiosos. Ao invés, somos valiosos porque Deus nos ama! E, uma vez que Ele nos ama, Ele nos abençoa porque é a Sua natureza dar boas dádivas. Não fizemos nada para merecermos o Seu amor, e não há nada que possamos fazer para impedir que Ele nos ame. Mas depende de nós se recebemos o Seu amor ou não. Como Tillich diz, a fé é a coragem de aceitarmos a nossa aceitação. Podemos escolher se receberemos o amor de Deus e viveremos num relacionamento com Ele, ou se o rejeitaremos e tentaremos viver por conta própria.

O propósito das disciplinas espirituais, ao invés, é criar oportunidades para encontros com o *Abba*. Praticamos disciplinas espirituais para conversarmos com Deus e para ouvi-Lo falar conosco. É nesses encontros que recebemos o Seu amor, a Sua aceitação, a Sua graça, os Seus dons, e o Seu poder. Na presença do Pai somos curados e encontramos a libertação dos ferimentos do nosso passado. Ouvindo o Pai falar, passamos a nos conhecer assim como Ele nos conhece. Ouvindo a voz do Pai, as mentiras do inimigo são expostas e substituídas pelas palavras consoladoras de um Pai amoroso. Na presença do Pai, somos feitos plenos. Passando tempo com Deus, amadurecemos como Seus filhos e tornamo-nos agentes de reconciliação. Cultivando encontros com o Pai, o fruto do Espírito é produzido em nossas vidas. Nesses encontros, os nossos corações são cheios de tanto amor que não conseguimos retê-lo a nós mesmos.

Somos chamados, em primeiro lugar, para *estarmos* com Deus. Desse relacionamento, no entanto, também somos chamados a uma missão.

Somos chamados a sermos Seus parceiros. Como veremos, nessa parceria encontra-se uma plenitude de vida.

Chamados a Participarmos da Sua Missão

A vida de Jesus estava arraigada em Seu relacionamento com o *Abba*. Devido ao íntimo relacionamento d'Eles, Jesus tinha tudo a ver com a missão do Pai. Ele exemplifica para nós a plenitude de vida como uma vida de parceria com Deus. Ele diz:

> *"A Minha comida é fazer a vontade d'Aquele que Me enviou e realizar a Sua obra"* (Jo 4.34).

> *"Eu Te (Abba) glorifiquei na terra, realizando a obra que Me deste para fazer"* (Jo 17.4).

O Seu ministério era fazer a vontade e a obra do Pai, e a mesma coisa é conosco. Pelo fato de que somos d'Ele, o Pai nos chama a uma parceria. Ele nos convida a participarmos da Sua missão. Ele nos criou para um relacionamento e parceria, e soberanamente determinou que Ele não executará a Sua vontade na terra, exceto através da cooperação humana. Como parceiros de Deus, podemos orar para que a Sua vontade seja feita. Como parceiros de Deus, tornamo-nos vasos da Sua graça, distribuindo os Seus dons para que a destruição do mundo seja restaurada.

Quando Deus o criou, Ele o fez de acordo com um projeto específico, para um propósito específico. Ele tem grandes planos para a sua vida. Precisamos esclarecer novamente, como fizemos com as disciplinas espirituais, que a participação na missão não é uma condição para a aceitação. Não fazemos coisas *para* Deus a fim de sermos amados ou aceitos. Ao invés, fazemos coisas *com* Deus porque somos Seus filhos. Trabalhamos *com* Deus, porque conhecemos a alegria da parceria. Ministramos aos outros porque conhecemos a satisfação de vermos Deus operando *em* e *através de* nós. *Fazemos* isso, não porque somos coagidos, mas porque aceitamos o grandioso convite do Pai. Participamos da Sua missão porque o Seu amor nos compele, e porque sabemos que, ao fazermos isso, vivenciamos uma vida abundante. A vontade de Deus para a sua vida é que você esteja com Ele. E, desse relacionamento, Ele o preparará. Ele o conectará com pessoas. Ele lhe mostrará os passos a serem dados.

Como participamos da missão do Pai? Qualquer tentativa de definirmos o que é uma "participação aceitável" nos traria de volta a um lugar de religiosidade – como se a parceria tivesse a ver com uma mera obediência sem nenhuma consideração ao relacionamento. Ao invés, dizemos que ela pode assumir várias formas, inclusive (mas não limitadas a) compaixão, solidariedade, intercessão, encontros de poder, evangelismo, justiça social, comunhão, celebrações, ou perdão. Pode ocorrer no cotidiano da vida. Viver *com* Deus é o que dá significado à vida, e, consequentemente, tudo o que fazemos pode ser feito em parceria com Ele. Qualquer oportunidade que aceitamos para permitirmos que o amor de Deus venha a fluir em e através de nós é uma forma de participação – quer seja amarmos o nosso cônjuge e filhos, ou sermos solteiros e devotarmos a nossa vida a Ele; quer seja servirmos ao nosso empregador como um ato de devoção a Ele, ou servirmos uns aos outros com os dons e talentos que graciosamente recebemos de Deus. [113]

Obviamente, para entendermos plenamente como é uma vida de parceria com o *Abba*, olhamos novamente para a vida de Jesus. Como observamos anteriormente, a Sua vida era uma vida consumida com a missão do Pai. O Seu ministério era fazer a vontade e a obra do Pai (João 4.34; 9.4; 17.4). No entanto, Ele não supria as necessidades de todas as pessoas que encontrava, mas fazia somente o que via o Pai fazendo, e o fazia pelo poder do Espírito Santo.

> *"Deus ungiu a Jesus de Nazaré com o Espírito Santo e com poder. Ele andava por toda parte, fazendo o bem e curando a todos os que eram oprimidos pelo diabo, porque Deus era com Ele"* (At 10.38).

Semelhantemente, o *Abba* não nos chama para suprirmos as necessidades de todas as pessoas que encontramos, mas simplesmente para estarmos atentos aos Seus direcionamentos, a fim de que possamos permitir que Ele opere através de nós. A obra do ministério à qual o *Abba* nos chama sempre é iniciada, capacitada e dirigida pelo Espírito Santo. É o transbordamento da presença de Deus, do amor e aceitação de Deus que nos molda e nos impulsiona a compartilharmos isso com os outros. Somos chamados a vivermos numa plenitude transbordante. Quando estamos cheios com o Espírito Santo, o Seu amor transborda através de nós. Isso é vida abundante!

Chamados a um Estilo de Vida de Plenitude do Espírito

Lembre-se que a maneira de ser de Deus é amor infinito,

transbordante, e centrado nos outros. Por "transbordante" queremos dizer que o Pai, Filho e Espírito Santo não conseguem manter o amor d'Eles para Si mesmos. Esse amor infinito exige uma expressão, e o Seu desejo para nós é que também vivenciemos a vida de transbordamento em que não podemos deixar de distribuir o amor que recebemos d'Ele.

Há uma palavra tremenda que encontramos nas Escrituras que denota esse transbordamento: a palavra grega *pleroma*, que geralmente é traduzida por *plenitude*. Essa palavra indica "uma medida cheia, copiosidade, plenitude, o que foi completado." Ela fortemente enfatiza plenitude e completamento, a ideia de algo estar cheio até transbordar. [114] É usada em vários lugares do Novo Testamento, como nessa oração de Paulo pelos efésios:

> *"Por esta razão dobro os meus joelhos perante o Pai, do qual toda família nos céus e na terra toma o nome, para que, segundo as riquezas da Sua glória, vos conceda que sejais fortalecidos com poder pelo Seu Espírito no homem interior, para que Cristo habite em vossos corações pela fé, a fim de que, estando arraigados e fundados em amor, possais ter força para compreender, com todos os santos, qual é a largura, e o comprimento, e a altura, e a profundidade, e conhecer o amor de Cristo, que excede o entendimento, para que sejais cheios com toda a plenitude de Deus"* (Ef 3.14-19).

CAPÍTULO 10 - *O Chamado do Pai*

O desejo de Paulo é que sejamos cheios, transbordantes, com toda a plenitude de Deus. Isso é mais do que as nossas mentes conseguem compreender. Deus não quer que simplesmente sejamos cheios para nós mesmos, mas que recebamos tanto d'Ele que não consigamos mantê-lo para nós mesmos. Quando permitimos que Ele nos encha, a participação em Sua missão é inevitável. Jesus disse isso da seguinte forma durante a Festa dos Tabernáculos:

> *"No último dia, o grande dia da festa, Jesus pôs-Se em pé e clamou, dizendo: 'Se alguém tem sede, venha a Mim e beba. Quem crê em Mim, como diz a Escritura, do seu interior fluirão rios de água viva.' Ora, isso Ele disse a respeito do Espírito, que haveriam de receber os que n'Ele cressem, pois o Espírito ainda não havia sido dado, porque Jesus ainda não havia sido glorificado"*
> (Jo 7.37-39).

De acordo com Paulo, o vivermos na plenitude do Espírito é a chave para a nossa vida em Cristo:

> *"Digo, porém: Andem pelo Espírito, e vocês não gratificarão os desejos da carne... Se vivemos pelo Espírito, andemos também passo a passo com o Espírito"* (Gl 5.16,25).

Paulo não vê o estarmos cheios com o Espírito como algo extra e opcional. Ele diz o seguinte, em termos indubitáveis:

> *"Enchei-vos do Espírito"* (Ef 5.18).

Na língua original, esse mandamento está no Tempo Presente, Passivo, Imperativo. Pelo fato de estar no Tempo Presente, implica uma ação contínua. Pelo fato de estar no Passivo, significa que somos os recipientes da ação. Finalmente, pelo fato de ser Imperativo, Paulo indica que não é uma opção. Na língua grega, esse Imperativo simples é a maneira mais forçosa de se dizer a alguém para fazer algo. Paulo espera que os seus ouvintes façam exatamente como ordenou. [115]

O sermos cheios com o Espírito é visto melhor como uma experiência centrada em pessoas, em que Deus Se encontra com o Seu povo na Pessoa do Seu Espírito. Deus a inicia, e a nossa parte é simplesmente recebermos.

Primeiramente, aceite a dádiva do Pai de salvação através de Jesus:

> *"E a vida eterna é esta: que Te conheçam, como o único Deus verdadeiro, e a Jesus Cristo, a quem enviaste"* (Jo 17.3).

> *"E acontecerá que todo aquele que invocar o nome do Senhor será salvo"* (At 2.21).

Aí então creia que a promessa do Espírito Santo é para você:

> *"Pedro lhes disse: 'Arrependam-se, e cada um de vocês seja batizado em nome de Jesus Cristo, para o perdão dos seus pecados, e receberão o dom do Espírito Santo. Porque a promessa é para vocês e para os seus filhos, para todos os que estão longe, e para todos os que o Senhor nosso Deus chamar"* (At 2.38,39).

Peça ao Pai:

> *"E Eu vos digo: 'Pedi, e dar-se-vos-á; buscai e achareis; batei, e abrir-se-vos-á, pois todo o que pede, recebe; e quem busca acha; e ao que bate, abrir-se-lhe-á. E qual é o pai dentre vós que, se o filho pedir-lhe pão, lhe dará uma pedra ao invés? Ou, se pedir-lhe peixe, lhe dará por peixe uma serpente? Ou, se pedir um ovo, lhe dará um escorpião? Se vós, pois, sendo maus, sabeis dar boas dádivas aos vossos filhos, quanto mais dará o Pai Celestial o Espírito Santo aos que Lho pedirem?'"* (Lc 11.9-13).

Receba pela fé:

> *"E esta é a confiança que temos n'Ele, que se pedirmos alguma coisa segundo a Sua vontade, Ele nos ouve. E, se sabemos que Ele nos ouve em tudo o que pedimos, sabemos que já alcançamos as coisas que Lhe temos pedido"* (1 Jo 5.14,15).

E, finalmente, cultive uma vida de plenitude, seguindo o exemplo e as instruções de Paulo:

> *"Enchei-vos do Espírito, falando entre vós em salmos, hinos, e cânticos espirituais, cantando e salmodiando ao Senhor no vosso coração"* (Ef 5.18,19).

> *"Que a palavra de Cristo habite em vós ricamente, ensinando e admoestando uns aos outros em toda a sabedoria, cantando salmos e hinos e cânticos espirituais, com gratidão em vossos corações a Deus"* (Cl 3.16).

> *"Que devo fazer então? Orarei com o meu espírito, mas orarei com o meu entendimento também; cantarei louvores com o meu espírito, mas cantarei com o meu entendimento também"* (1 Co 14.15).

Quando estamos cheios com o Espírito, passamos a conhecer o amor de Deus de tal maneira que isso faz com que amemos os outros. Quando estamos cheios com o Espírito, a Sua santidade nos enche e flui para fora de nós. Quando estamos cheios com o Espírito, a participação numa missão não é uma tarefa, e sim uma operação natural da Sua vida em nós. Quando estamos cheios com o Espírito Santo, recebemos de Deus tudo o que precisamos para cumprirmos o Seu plano para as nossas vidas. Quando estamos cheios com o Espírito, vivenciamos a vida eterna no sentido mais pleno da palavra.

CAPÍTULO 10 - *O Chamado do Pai*

Conclusão

Neste capítulo final, dissemos que o maior desejo do *Abba* é que estejamos *com* Ele. Ele nos criou para um relacionamento e parceria, mas o relacionamento é o principal. Permanecer com o *Abba* é a chave para a frutificação. Permanecer com o *Abba* nos dá poder para vencermos as tentações. Permanecer com o *Abba* nos liberta para uma vida de serviço, uma vida de propósito, à medida que participamos com Ele da Sua missão de restauração. Assim como Jesus cultivava o Seu relacionamento com o *Abba*, passando tempo com Ele, assim também praticamos disciplinas espirituais como oportunidades para encontros. Praticamos disciplinas espirituais para conversarmos com Deus e para ouvi-Lo falar conosco. Ouvir a voz de Deus é o catalisador para a nossa liberdade e transformação.

Também somos chamados para uma missão – não como uma condição para aceitação, mas como resposta ao Seu amor. A obra do ministério à qual o *Abba* nos chama sempre é iniciada, capacitada e dirigida pelo Espírito Santo. É o transbordamento da presença de Deus, do amor e aceitação de Deus que nos molda e faz com que o compartilhemos com os outros.

Finalmente, somos chamados a vivermos numa plenitude de transbordamento. Vivermos na plenitude do Espírito é a chave para a nossa vida em Cristo. Vivermos uma vida de plenitude é tão simples quanto (1) aceitarmos o dom do Pai de salvação através de Jesus; (2) crermos que a promessa do Espírito Santo é para nós; (3) pedirmos ao Pai e recebermos pela fé; e, finalmente, (4) cultivarmos uma vida de plenitude do Espírito, seguindo o exemplo e as instruções de Paulo.

Quando permitimos que Ele nos encha, a participação na Sua missão é inevitável, e uma vida abundante torna-se uma realidade.

O Pai o está chamando a conhecê-Lo – íntima e profundamente. Ele quer salvá-lo, fortalecê-lo, e dar-lhe uma vida abundante. Ele o chama a uma vida de estar *com* Ele e de parceria com Ele em Sua missão. Você aceitará o Seu chamado?

Reflexão

Considere o que significa que o Pai deseja estar com você. Mais do que qualquer outra coisa, Ele quer a sua presença. Para concluir essa jornada, eu gostaria de compartilhar com você uma adaptação da reflexão de Brennan Manning:

Você às vezes reflete sobre o fato de que Deus – Pai, Filho, e Espírito Santo – Se sente orgulhoso de você? Orgulhoso de que você aceitou a fé que Ele lhe ofereceu? Orgulhoso de que você aceitou a Jesus como Amigo e Senhor? Orgulhoso de você porque você não desistiu? Orgulhoso de que você crê n'Ele o suficiente para tentar vez após vez? Orgulhoso de que você confia que Ele pode ajudá-lo?

Você às vezes acha que o *Abba* o aprecia por desejá-Lo, por querer dizer não a tantas coisas que o separariam d'Ele?

Você às vezes acha que Deus Se alegra com você pelo fato de você aprender mais sobre Ele, para que você fale a outros mais profunda e verdadeiramente sobre Ele?

Você acha que o Abba poderia alegrar-Se com você por pausar para sorrir, consolar, dar a um dos Seus filhos que estão tão necessitados de verem um sorriso, de sentirem um toque?[116]

CAPÍTULO 10 - *O Chamado do Pai*

Você tem tentado *fazer* coisas *para* Ele? Seria possível que você subconscientemente ache que você precisa *fazer* coisas para merecer o Seu amor? Há alguma área em sua vida que talvez o deixe hesitante em passar tempo com o *Abba*? O Pai está ansiando que você entre em Sua presença e está esperando por você de braços abertos. Corra para o Seu abraço!

Oração

"Abba, eu pertenço a Ti. Obrigado por moldar-me e chamar-me a Ti. Obrigado por enxertar-me em Tua missão. Obrigado por permitir-me que eu fizesse uma parceria contigo. Que privilégio que isso é! Entrego-Te a minha vida, o meu coração, as minhas mãos e pés. Abre os meus olhos, para que eu Te veja mais claramente. Abre os meus ouvidos, para que eu ouça a Tua voz. Abre o meu coração e alarga a minha capacidade de receber tudo o que tens para mim. Enche-me com o Teu Espírito, para que Tu transbordes através de mim. Faz de mim um vaso da Tua bondade ao mundo. Que outros possam ver Jesus em mim. Em nome de Jesus. Amém."

Discussão em Grupo

1. Já que o propósito das disciplinas espirituais é criar oportunidades de encontros com o *Abba*, discuta as disciplinas espirituais que você pratica.

2. Quais disciplinas espirituais você pode colocar em prática nesta semana para cultivar uma vida de transbordamento espiritual?

3. Você tem uma sensação de que o Pai o está chamando a uma parceria com Ele? Como isso poderia ser, considerando-se a maneira com que Ele o formou e o preparou até aqui?

BIBLIOGRAFIAS

O livro foi escrito originalmente em inglês e todas as referências bibliográficas foram apontadas para esta versão, porém, algumas podem estar disponíveis traduzidas para o português caso queira consultar.

Anderson, Ray S. *The Soul of Ministry* ("A Alma do Ministério"). Louisville: Westminster John Knox Press, 1997.

Balz, Horst Robert e Gerhard Schneider. *Exegetical Dictionary of the New Testament*. Grand Rapids, Michigan: Eerdmans, 1990.Barth, Karl. *The Humanity of God* ("A Humanidade de Deus"); tradução: John Newton Thomas e Thomas Wieser. London: Collins Clear-type Press, 1961.

Belliotti, Raymond Angelo. *Roman Philosophy and the Good Life* ("A Filosofia Romana e a Boa Vida"). Plymouth, UK: Lexington Books, 2009.

Berkhof, L. *Teología Sistemática*, tradução: Felipe Delgado Cortés. Grand Rapids, Eerdmans, 1979.

Blue, Ken. *Authority to Heal* ("Autoridade para Curar"). Downers Grove: IVP Books, 1987.

Bosworth, F. F. *Christ the Healer* ("O Cristo Que Cura"). Grand Rapids: Fleming H. Revell, 2004.

Buxton, Graham. *Dancing in the Dark: The Privilege of Participating in the Ministry of Christ* ("Dançando no Escuro: O Privilégio de Participarmos do Ministério de Cristo"). Waynesboro, GA: Paternoster Press, 2001.

Fee, Gordon D. *GOD's Empowering Presence: The Holy Spirit in the Letters of Paul* ("A Presença Capacitadora de DEUS: O Espírito Santo nas Cartas de Paulo"). Peabody, MA: Hendrickson, 1994.

Forster, Roger T. e V. Paul Marston, *God's Strategy in Human History* ("A Estratégia de Deus na História Humana"). Wheaton: Tyndale House Publishers, Inc., 1974.

Grenz, Stanley J. *Theology for the Community of God* ("Teologia para a Comunidade de Deus"). Grand Rapids: Eerdmans, 1994.

Gunton, Colin E. *The Promise of Trinitarian Theology*, 2nd ed (*"A Promessa da Teologia Trinitarista, 2a. edição"*. (New York: T&T Clark Ltd., 1997.

Gunton, Colin E. *The One, the Three and the Many: God, Creation and the Culture of Modernity* ("O Um, o Três e os Muitos: Deus, Criação e a Cultura da Modernidade"). Cambridge: Cambridge University Press, 1998.

Guthrie, Donald. *New Testament Theology*. Downers Grove: IVP, 1981.

Hayford, Jack W. *Glory on Your House* ("Glória na Tua Casa"). Grand Rapids: Chosen Books, 1994.

Hayford, Jack W. *Living the Spirit-Formed Life* ("Vivendo a Vida Formada pelo Espírito"). Ventura, CA: Regal Books, 2001.

Hayford, Jack W. *Pastors of Promise: Pointing to Character and Hope as the Keys to Fruitful Shepherding* ("Pastores da Promessa: Apontando para o Caráter e a Esperança como as Chaves para um Pastoreamento Frutífero"). Ventura: Regal Books, 1997.

Hayford, Jack W. , ed. *The Hayford Bible Handbook* ("O Manual Bíblico Hayford"). Nashville, Thomas Nelson, 1995.

Hayford, Jack W., ed. *New Spirit-Filled Life Bible* ("Nova Bíblia da Vida Cheia com o Espírito"). Nashville, Thomas Nelson, 2002.

Huntzinger, Jon. *"Characteristics of the Holy Spirit."* ("Características do Espírito Santo"). Palestras apresentadas no "Recursos Bíblicos para o Ministério", Seminário D.Min., Van Nuys, California, 12 de junho de 2012.. The King's University, Van Nuys, CA.

Jeremias, Joachim. *The Central Message of the New Testament* ("A Mensagem Central do Novo Testamento"). London: SCM Press, 1965.

Jethani, Skye. *With: Reimagining the Way You Relate to God.* ("Com: Reimaginando a Maneira com que Você se Relaciona com Deus") Nashville: Thomas Nelson, 2011.

Kohls, L. Robert. *The Values Americans Live By* ("Os Valores pelos quais Vivem os Americanos"). Claremont McKenna College. 10 de janeiro de 2017. http://www1.cmc.edu/pages/faculty/alee/ extra/ American_values.html

Kruger, C. Baxter. *The Great Dance: The Christian Vision Revisited.* Vancouver: Regent College Publishing, 2000.

Ladd, George Eldon. *The Gospel of the Kingdom: Popular Expositions on the Kingdom of God* ("O Evangelho do Reino: Exposições Populares sobre o Reino de Deus"). Grand Rapids: Eerdmans, 1983.

Ladd, George Eldon. *The Gospel of the Kingdom: Scriptural Studies in the Kingdom of God* ("O Evangelho do Reino: Estudos Bíblicos no Reino de Deus"). Grand Rapids: Eerdmans, 1997.

Macmurray, John. *Freedom in the Modern World: Broadcast Talks on Modern Problems* ("Liberdade no Mundo Moderno: Conversas Radiodifundidas sobre Problemas

Modernos"). London: Faber & Faber Limited, 1934.

Macmurray, John. *Persons in Relation* ("Pessoas em Relacionamento"). Atlantic Highlands, NJ: Humanities Press, 1979.

Manning, Brennan. *A Stranger to Self-Hatred: A Glimpse of Jesus*. ("Um Estranho a Odiar a Si Mesmo: Um Vislumbre de Jesus"). Denville, NJ: Dimension Books, 1982.

Manning, Brennan. *The Ragamuffin Gospel: Embracing the Unconditional Love of God* ("O Evangelho dos Maltrapilhos. Abraçando o Amor Incondicional de Deus"). Sisters, OR: Multnomah Books, 1990.

McFadyen, Alistair I. *The Call to Personhood: A Christian Theory of the Individual in Social Relationships* ("O Chamado à Personalidade: Uma Teoria Cristã do Indivíduo em Relacionamentos Sociais"). Cambridge: Cambridge University Press, 1990.

Moltmann, Jürgen. *The Spirit of Life: A Universal Affirmation* ("O Espírito de Vida: Uma Confirmação Universal"). Minneapolis: Fortress, 1992.

Nouwen, Henri J. M. A *Cry for Mercy* ("Um Clamor por Misericórdia"). Garden City, NY: Doubleday & Co., 1981.

Pinkham, Wesley M. *Identity Formation: The Journey toward Personhood* ("Formação da Identidade: A Jornada na Direção da Personalidade"). Lookout Mountain: Journeys to the Heart, Inc., 2003.

Pinkham, Wesley M. e Chris Waters. *Creative Conflict Management* ("Gestão Creativa de Conflitos"). Lookout Mountain: Journeys to the Heart, Inc., 2001.

Pinnock, Clark H. *Flame of Love: A Theology of the Holy Spirit* ("Chama de Amor: Uma Teologia do Espírito Santo"). Downers Grove: IVP Academic, 1996.

Polo-Wood, Chiqui. *Lessons Learned in the Battle: How to Live in Victory,*

No Matter What ("Lições Aprendidas na Batalha: Como Viver na Vitória, a Todo Custo"). Bedford, TX: Burkhart Books, 2015.

Rohr, Richard. *The Divine Dance: The Trinity and Your Transformation.* ("A Dança Divina: A Trindade e a Sua Transformação"). New Kensington, PA: Whitaker House, 2016.

Schaeffer, Francis A. *The God Who Is There* ("O Deus que Está Presente"). Downers Grove: Inter- Varsity Press, 1968.

Torrance, James B. *Worship, Community and the Triune God of Grace* ("Adoração, Comunidade e o Deus Triuno da Graça"). Downers Grove: IVP Academic, 1996.

Torrance, Thomas F. *The Christian Doctrine of God: One Being, Three Persons* ("A Doutrina Cristã de Deus: Um Ser, Três Pessoas"). Edinburgh: T & T Clark, 1996.

Tozer, A.W. *The Knowledge of the Holy: The Attributes of God: Their Meaning in the Christian Life.* ("O Conhecimento do Santo: Os Atributos de Deus: O Seu Significado na Vida Cristã").

New York: Harper Collins, 1961.

Twelftree, Graham H. *People of the Spirit: Exploring Luke's View of the Church* ("Pessoas do Espírito: Explorando a Visão de Lucas sobre a Igreja"). Grand Rapids: Baker Academic, 2009.

Unger, Merrill F. *Unger's Bible Dictionary* ("Dicionário Bíblico de Unger"). Chicago: Moody Press, 1979.

Waters, Chris e Wess Pinkham. *Finding Closure to the Pains from the Past* ("Encontrando o Encerramento da Dores do Passado"). Lookout Mountain: Journeys to the Heart, Inc., 2006.

Waters, Chris e Wess Pinkham. *Journey Through His Eyes* ("Jornada Através dos Seus Olhos"). Lookout Mountain: Journeys to the Heart, Inc., 2009.

Willard, Dallas. T*he Divine Conspiracy: Rediscovering Our Hidden Life in God* ("A Conspiração Divina: Redescobrindo a Nossa Vida Oculta em Deus"). San Francisco: Harper Collins, 1997.

Willard, Dallas. *The Spirit of the Disciplines: Understanding How God Changes Lives* ("O Espírito das Disciplinas: Entendendo Como Deus Muda as Vidas"). San Francisco: Harper Collins, 1991.

Wood, Kerry. *The Gifts of the Spirit for a New Generation* ("Os Dons do Espírito para uma Nova Geração"). Zadok Publishing, 2015.

Wright, N.T. *Following Jesus: Biblical Reflections on Discipleship* ("Seguindo a Jesus: Reflexões Bíblicas sobre o Discipulado"). Grand Rapids: Eerdmans, 1995.

Zizioulas, John D. *Being as Communion* ("Sendo como Comunhão"). Crestwood, NY: St. Vladimir's Seminary Press, 2000.

Blue Letter Bible.

"Shall" Merriam-Webster Dictionary Online (15 de dezembro de 2011). https://www.merriam-webster.com/dictionary/shall.

Williams, Rowan. "Archbishop's address to the Synod of Bishops in Rome, Wednesday 10th October 2012." ("Palavra do Arcebispo ao Sínodo de Bispos de Roma, quarta-feira, 10 de outubro de 2012"). Dr. Rowan Williams, 104th Archbishop of Canterbury. Published 2012. Accessed July 14, 2017 ("Dr. Rowan Williams, 104º Arcebispo de Canterbury. Publicado em 2012. Acessado em 14 de julho de 2017"). http://rowanwilliams.archbishopofcanterbury .org/articles/php/2645/archbishops-address-to-the-synod-of-bishops-in-rome

NOTAS

[1] Henri J. M. Nouwen, *A Cry for Mercy* ["Um Clamor por Misericórdia"] (Garden City, NY: Doubleday & Co., 1981), 23.

[2] Ray S. Anderson, *The Soul of Ministry* ["A Alma do Ministério"] (Louisville: Westminster John Knox Press, 1997), 32, 83.

[3] Brennan Manning, *The Ragamuffin Gospel: Embracing the Unconditional Love of God* ("O Evangelho dos Maltrapilhos: Abraçando o Amor Incondicional de Deus") (Sisters, OR: Multnomah Books, 1990), 14.

[4] Detalhes podem ser encontrados em meu Projeto de Doutorado de Ministério : *Relational Discipleship* ("Discipulado Relacional"). The King's University, 2014.

[5] Craig Haworth (postagem) em DM761 [Spiritual and Personal Formation] ("Formação Espiritual e Pessoal") (Shiloh University, 21 de fevereiro de 2017).

[6] Brennam Manning, *The Ragamuffin Gospel: Embracing the Unconditional Love of God* ("O Evangelho dos Maltrapilhos: Abraçando o Amor Incondicional de Deus") (Sisters, OR: Multnomah Books, 1990), 75.

[7] Karl Barth descreve a liberdade de Deus da maneira refletida na vida de Jesus: "A divindade de Deus, portanto, não é nenhuma prisão em que Ele possa existir somente n'Ele e para Si mesmo. Ao invés, é a Sua liberdade de ser n'Ele e para Si mesmo. É também conosco e para nós, para afirmar e também para sacrificar -Se, para ser totalmente exaltado, e também completamente humilde; não somente todo poderoso, mas também misericórdia toda poderosa; não somente Senhor, mas também servo; não somente juiz, mas também Ele próprio julgado; não somente o eteno rei dos homens, mas também o seu irmão no tempo. E tudo isso, sem a mínima perda da Sua divindade! Tudo isso, ao invés, é a maior prova e proclamação da Sua divindade." Karl Barth, *The Humanity of God* ("A Humanidade de Deus"), tradução: John Newton Thomas e Thomas Wieser (London: Collins Clear-type Press, 1961), 49.

[8] Dallas Willard, *The Divine Conspiracy: Rediscovering Our Hidden Life in God* ("A Conspiração Divina: Redescobrindo a Nossa Vida Oculta em Deus") (San Francisco: HarperCollins, 1997), 391.

[9] Joachim Jeremias, *The Central Message of the New Testament* ("A Mensagem Central do Novo Testamento") (London: SCM Press, 1965), 9-21.

[10] Jeremias, *The Central Message of the New Testament* ("A Mensagem Central do Novo Testamento") (London: SCM Press, 1965), 28-29.

[11] J. B. Torrance faz um alerta contra antropomorfizarmos a noção da palavra "Pai": "Para nós, a palavra 'pai' é um conceito de uma classe humana, que predicamos com relação a pais criaturas. Como é possível então que uma palavra que é um conceito de uma classe humana seja usada para se denotar a Deus, que não é um membro dessa classe?... Se a palavra humana 'pai' deve ser usada com relação a Deus, é preciso que haja uma mudança no significado para se denotar a Deus, o Criador, que é o único Pai verdadeiro, segundo o qual toda paternidade terrena é nomeada (Efésios 3.15). Na ordem de ser, a paternidade de Deus vem antes da nossa, assim como o Criador vem antes da criatura...Somente podemos [comparar e contrastar a paternidade de Deus com a nossa teologicamente] pelo contexto inserido nessa palavra por Jesus Cristo, à medida que refletimos sobre a vida de Jesus, as palavras de Jesus, os sofrimentos de Jesus. Permitimos que o Espírito, interpretando a Cristo para nós, evacue a palavra de todo conteúdo biológico, masculino, patriarcal, e sexista, para enchê-lo com conteúdo divino, para que possamos mais verdadeiramente orar 'Abba, Pai'... o nome [Pai] não é meramente um significador arbitrário, como Susana ou Fred! Ele tem um conteúdo semântico, como tem o nome Jesus. É o nome através do qual Deus Se revela pessoalmente a nós para atrair-nos a uma íntima comunhão com Ele em adoração e oração, e não somente para se transmitir informações sobre Ele." James B. Torrance, *Worship, Communion and the Triune God of Grace* ("Adoração, Comunhão e o Deus Triuno da Graça") (Downers Grove: IVP Academy, 1996), 123-5.

[12] A. W. Tozer, *The Knowledge of the Holy: The Attributes of God: Their Meaning in the Christian Life* ("O Conhecimento do Santo: Os Atributos de Deus: : O Seu Siignificado na Vida Cristã") (New York: Harper Collins, 1961), 2.

[13] Francis A. Schaeffer, *The God Who Is There* ("O Deus que Está Presente") (Downers Grove: Inter- Varsity Press, 1968), 151-2.

[14] Para uma análise mais profunda sobre a implicação de conhecermos a Deus-Pai, veja Chris Waters e Wess Pinkham. *Finding Closure to the Pains from the Past* ("Encontrando um Encerramento às Dores do Passado") (Lookout Mountain, TN: Journeys to the Heart, Inc., 2006), 18.

[15] O livro do meu marido *The Abba Factor* ("O Fator Abba") explica...

[16] Em meu primeiro livro *Lessons Learned in the Battle* ("Lições Aprendidas na Batalha"), compartilho as lições que aprendi durante a batalha de 5 anos do meu falecido marido com o câncer. Ainda que não compartilhe respostas definitivas, as lições são úteis em nossa luta para encontrarmos explicações e obtermos ajuda do mistério das tribulações da vida. Chiqui Polo-Wood, *Lessons Learned in the Battle: How to Live in Victory, No Matter*

What ("Lições Aprendidas na Batalha: Como Viver na Vitória, a Todo Custo") (Bedford, TX: Burkhart Books, 2015).

[17] Os comentários de Brennan Manning sobre a história de Flannery O'Connor, *The Turkey* ("O Peru"), servem para se ilustrar como projetamos a Deus as nossas próprias atitudes e sentimentos como uma defesa inconsciente do nosso senso de inadequabilidade ou culpa. Brennan Manning, *A Stranger to Self-Hatred: A Glimpse of Jesus* ("Um Estranho ao Ódio a Si Mesmo: Um Vislumbre de Jesus")(Denville, NJ: Dimension Books, 1982), 10.

[18] Devo o fundamento dessa seção a Martin Folson e Wesley M. Pinkham, *Relational Theology: A Primer* ["Teologia Relacional: Uma Cartilha"][CD-ROM] (Lookout Mountain, TN: Journeys to the Heart, 2002), 73, 113. Também a Martin Folsom, "Relational Theology" ("Teologia Relacional") Palestra apresentada no seminário D. Min. de Teologia Relacional (The King's University, Van Nuys, California, 17-19 de outubro de 2013).

Para detalhes adicionais sobre as influências romana e grega no pensamento e cultura ocidentais, veja John Macmurray, *Freedom in the Modern World: Broadcast Talks on Modern Problems* ("Liberdade no Mundo Moderno: Conversas Radiodifundidas sobre Problemas Modernos")(London: Faber & Faber Limited, 1934), 70-9.

[19] Não tenho espaço para abordar isso em detalhes neste livro, mas essa, talvez, é uma das razões pelas quais tantos membros da Igreja Católica Romana olham para Maria como mediadora entre eles e Deus. Afinal de contas, quem ousaria aproximar-se do Deus irado? Mas Maria é humana. Ela entende a nossa condição. Assim sendo, achamos mais fácil apelar a ela. E, uma vez que ela é a mãe de Jesus, ela pode interceder confiantemente em nosso nome.

[20] Raymond Angelo Belliotti, *Roman Philosophy and the Good Life* ("A Filosofia Romana e a Boa Vida") (Plymouth, UK: Lexington Books, 2009).

[21] Chris Waters e Pinkham. *Finding Closure to the Pains from the Past* ("Encontrando o Encerramento às Dores do Passado") (Lookout Mountain, TN: Journeys do the Heart, Inc., 2006), 32.

[22] Um filósofo grego chamado Heráclito usou primeiramente o termo *Logos* ao redor do ano 600 a. C. para designar a razão divina ou plano divino que coordena um universo em transformação. Em João, "a Palavra" denota a Palavra de Deus essencial, Jesus Cristo, a sabedoria e poder pessoal em união com Deus, o Seu ministro na Criação e no governo do Universo, a causa de toda vida do mundo, tanto física quanto ética, a qual, para a obtenção da salvação do homem, revestiu-se da natureza humana na Pessoa de Jesus, o Messias, a Segunda Pessoa da Trindade, e resplandeceu conspicuamente a partir das Suas palavras e ações. "Lexicon: Strong's G3056 - *logos*," *Blue Letter Bible* (November 16, 2011), https://www.blueletterbible.org/lang/lexicon/lexicon.cfm?Strongs=G3056&t=ESV.

23 "Genesis 1:26-27," *Blue Letter Bible* (16 de novembro de 2011), https://www.blueletterbible.org/niv/gen/1/1/t_conc_1026.

24 O meu mentor, Marty Folsom, e outros, escolheram usar o pronome *"Godself"* ["o próprio Deus"], ao invés de *"Himself"* ["Ele próprio"], para nos ajudar a pensarmos diferentemente com relação a isso. Prefiro *"Godself"* (afinal de contas, parece apropriado usarmos um pronome único para um Deus que é "totalmente outro") e considerei usá-lo neste manuscrito. No entanto, uma vez que *"Godself"* não é amplamente usado em nossa língua, para simplificarmos, usarei o termo *"Himself"*, mas suplico a sua compreensão de que, ao fazer isso, não estou atribuindo especificamente características masculinas a Deus.

25 Chris Waters e Wess Pinkham explicam que "O nosso Pai Celestial como 'Relacionamento' resolve o problema de gênero que a cultura e a língua projetam ao Seu Ser. Ele foi descrito tanto com qualidades masculinas quanto femininas. O fato de atribuirmos gênero ao nosso Pai Celestial tem frequentemente resultado na desvalorização das mulheres. Como a Bíblia descreve, *'Não há judeu nem grego, escravo ou livre, macho ou fêmea.'* O relacionamento é unidade, interconexão (vínculos) e frutificação." Waters e Pinkham. *Finding Closure to the Pains from the Past* ("Encontrando o Encerramento às Dores do Passado") (Lookout Mountain: Journeys to the Heart, Inc., 2006),24-5.

26 Outras passagens bíblicas em que temos vislumbres da Trindade: João 3.34,35; 15.26; 16.14,15; Romanos 8.3,4; 1 Coríntios 12.5-7; 2 Coríntios 13.13.

Passagens bíblicas que falam sobre a mútua habitação interior do Pai, Filho e Espírito Santo: João 14.10,11,20; 15.26; 16.27,32; 17.11,20,22,23,26.

Passagens bíblicas que falam de igualdade, amor e missão compartilhada do Pai, Filho e Espírito Santo: João 14.7,9-11,13,16,21,23,24,26,31; 15.7,9,10,15,16,23,24,26; 16.3,5,7,13,14,16,23,27,28; 17.1-12,18,22-24.

27 Clark H. Pinnock, *Flame of Love: A Theology of the Holy Spirit* ("Chama de Amor: Uma Teologia do Espírito Santo") (Downers Grove: IVP Academic, 1996), 35.

28 Alistair I. McFadyen, *The Call to Personhood: A Christian Theory of the Individual in Social Relationships* ("O Chamado à Personalidade: Uma Teoria Cristã do Indivíduo em Relacionamentos Sociais") (Cambridge: Cambridge University Press, 1990), 27.

29 Colin E. Gunton, *The Promise of Trinitarian Theology, 2nd ed.* ("A Promessa da Teologia Trinitarista, 2ª. ed.") (New York: T&T Clark Ltd., 1997), 12.

30 Martin Folsom e Wesley M. Pinkham, *Relational Theology: A Primer* ["Teologia Relacional: Uma Cartilha"] [CD-ROM] (Lookout Mountain: Journeys to the Heart, 2002), 612.

31 Thomas F. Torrance, *The Ground and Grammar of Theology* ("A Base e a Gramática da Teologia") (Charlottesville: University Press of Virginia, 1980).

32 Colin Gunton, *The One, the Three and the Many: God, Creation and the Culture of*

Modernity ("O Um, o Três e os Muitos: Deus, Criação e a Cultura da Modernidade") (Cambridge: Cambridge University Press, 1998), 164.

33 A metáfora da dança tem um mérito limitado como movimento interpretativo, em contraposição a uma explicação etimológica. Contudo, a metáfora é útil na criação de um quadro entendível da plenitude de vida desfrutada através do relacionamento do Pai, Filho, e Espírito Santo. Veja Thomas F. Torrance, *The Christian Doctrine of God: One Being, Three Persons* ("A Doutrina Cristã de Deus: Um Ser, Três Pessoas") (Edinburgh: T & T Clark, 1996): 169-70.

34 Karl Barth afirma que "em Sua vida como Pai, Filho, e Espírito Santo, Ele na verdade não seria nenhum Deus solitário, egoísta, até mesmo sem o homem. Sim, até mesmo sem todo o Universo criado." Karl Barth, *The Humanity of God* ("A Humanidade de Deus"); tradução: John Newton Thomas e Thomas Wieser (London: Collins Clear-type Press, 1961), 50.

35 Stanley Grenz explica: "Exatamente porque a Criação é um ato amoroso de Deus, ela é livre, voluntária, e não necessária. Ao mesmo tempo, exatamente porque Deus é amor, o ato da Criação naturalmente flui da vida interna da Trindade. Pelo fato de que Deus é a comunidade trinitária de amor, Deus não precisa criar o mundo para confirmar o Seu caráter. Contudo, pelo fato de que Deus é amor, a Sua criação do mundo está totalmente de acordo com o Seu caráter. (Stanley Grenz, *Theology for the Community of God* ("Teologia para a Comunidade de Deus") (Grand Rapids: Eerdmans, 1994), 98-101).

36 "Gênesis 1.31." *Blue Letter Bible* (16 de novembro de 2011), https://www.blueletterbible.org/niv/gen/1/1/t_conc_1031.

37 Em Gênesis 2.7, vemos que o homem foi *formado* do pó da terra. Tudo o mais foi *feito* (hebraico: `asah), que significa simplesmente "fazer, trabalhar, ou produzir". Mas, quando se refere à criação do homem, a linguagem é diferente. Lemos que o homem foi *formado* (hebraico: yatsar), que tem a conotação de ser formado, moldado com um propósito, como um oleiro que forma a argila e a transforma num vaso para um determinado propósito. "Gênesis 2.7" - *Blue Letter Bible* (16 de novembro de 2011), https://www.blueletterbible.org/niv/gen/2/1/t_conc_2007.

38 Estou presumindo que a maioria dos meus leitores foram criados nos Estados Unidos, ou num outro país ocidental com valores semelhantes. Se você foi criado numa cultura diferente, isso talvez não seja tão significativo para você, mas talvez lhe dê algum contexto para você entender como pensam os ocidentais, e por que precisamos enfatizar esse ponto.

39 L. Robert Kohls tinha um doutorado em história cultural pela *New York University*. Ele passou a maior parte da sua carreira no campo do interculturalismo como diretor de treinamento para a Agência de Informações dos EUA e do *Meridian International Center*

em Washington. Como Diretor Executivo do *Washington International Center*, em 1984 ele escreveu uma monografia chamada *"The Values Americans Live By"* ("Os Valores pelos quais Vivem os Americanos"). Nesse documento, ele descreve os 13 valores essenciais comuns à maioria dos americanos. L. Robert Kohls, "The Values Americans Live By," ("Os Valores pelos quais Vivem os Americanos") Claremont McKenna College, (10 de janeiro de 2017), http://www1.cmc.edu/pages/faculty/alee/extra/American_values.html

[40] O estoicismo é uma das principais escolas filosóficas gregas que influenciaram os líderes intelectuais e políticos do final da República Romana e do início do império. Raymond Angelo Belliotti, *Roman Philosophy and the Good Life* ("A Filosofia Romana e a Boa Vida") (Plymouth, UK: Lexington Books, 2009).

[41] James B. Torrance, *Worship, Community and the Triune God of Grace* ("Adoração, Comunidade e o Deus Triuno da Graça") (Downers Grove: IVP Academic, 1996) 37, 39.

[42] Martin Folsom e Wesley M. Pinkham, *Relational Theology: A Primer* ["Teologia Relacional: Uma Cartilha"] [CD-ROM] (Lookout Mountain: Journeys to the Heart, 2002), 520-22.

[43] John Macmurray, *Persons in Relation* ("Pessoas em Relacionamento") (Atlantic Highlands, NJ: Humanities Press, 1979), 211.

[44] Em *"The Uncontrolling Love of God"* ("O Incontrolável Amor de Deus"), de Thomas J. Oord, ele discute sete modelos da providência de Deus: Deus é a omnicausa; Deus capacita e sobrecapacita; Deus é voluntariamente auto-limitado; Deus é essencialmente kenótico; Deus sustenta como uma força impessoal; Deus é o Criador inicial e observador atual; e os caminhos de Deus não são os nossos caminhos. Thomas J. Oord, *The Uncontrolling Love of God: An Open and Relational Account of Providence* ("O Incontrolável Amor de Deus: Uma Narrativa Aberta e Relacional da Providência") (Downers Grove: IVP Academic, 2015).

[45] Brennan Manning, *The Ragamuffin Gospel: Embracing the Unconditional Love of God* ("O Evangelho dos Maltrapilhos: Abraçando o Amor Incondicional de Deus") (Sisters, OR: Multnomah Books, 1990), 75.

[46] Os hebraicos achavam que o que Deus comete, Ele permite. Eles não faziam distinção entre primeira e segunda causa. Precisamos fazer uma distinção entre o que Deus permite (vontade permissiva) e o que Deus comete (vontade diretiva) com relação ao mal.

[47] Em meu primeiro livro *Lessons Learned in the Battle* ("Lições Aprendidas na Batalha"), eu detalho mais a ideia de que o inimigo rouba, mata, e destrói, mas essa não é a sua meta. Essas são apenas as ferramentas que ele usa para um propósito maior: separar-nos do amor de Deus. No entanto, até mesmo quando o inimigo consegue o que quer ao trazer destruição em nossas vidas, se não permitirmos que isso nos separe do amor de Deus, teremos a vitória. Chiqui Polo-Wood, *Lessons Learned in the Battle: How to Live in Victory*,

No Matter What ("Lições Aprendidas na Batalha: Como Viver na Vitória, a Todo Custo") (Bedford, TX: Burkhart Books, 2015).

[48] George Eldon Ladd apresenta a ideia de que o Reino de Deus é "agora, mas ainda não". Jesus inaugurou o Seu Reino – o governo de Deus na terra, mas ele não está plenamente concretizado ainda. George Eldon Ladd, *The Gospel of the Kingdom: Scriptural Studies in the Kingdom of God* ("O Evangelho do Reino: Estudos Bíblicos no Reino de Deus") (Grand Rapids: Eerdmans, 1997).

[49] Roger T. Forster e V. Paul Marston, *God's Strategy in Human History* ("A Estratégia de Deus na História Humana") (Wheaton: Tyndale House Publishers, Inc., 1974), 34.

[50] Stanley Grenz, *Theology for the Community of God* ("Teologia para a Comunidade de Deus") (Grand Rapids: Eerdmans, 1994), 108.

[51] Lillian B. Yeomans, *Healing Treasury: Four Classic Books on Healing, Complete in One Volume* ("Tesouro sobre Cura: Quatro Livros Clássicos sobre Cura, Completos Num Só Volume") (Tulsa, OK: Harrison House, 2003), 184.

[52] "John 3:17," *Blue Letter Bible* (29 de maio de 2017), https://www.blueletterbible. org/niv/jhn/3/17/t_conc_1000017.

[53] "Isaiah 49:6," Blue Letter Bible (29 de maio de 2017), https://www. blueletterbible.org/niv/isa/49/6/s_728006.

[54] A palavra grega traduzida como *deveria* e *perecer* aqui é *apollymi*, que é Segundo Aorista, Voz Média, Modo Subjuntivo. O Tempo Verbal Aorista é caracterizado pela sua ênfase em ações pontuais, isto é, o conceito do verbo é considerado independentemente do passado, presente, ou futuro. Não há nenhum equivalente direto ou claro em inglês para esse tempo verbal, muito embora ele seja geralmente traduzido como um tempo verbal no passado simples na maioria das traduções. A Voz Média indica que o sujeito está fazendo a ação sobre si mesmo ou para o seu próprio benefício. O Modo Subjuntivo indica que a ação descrita pode ou não ocorrer, dependendo-se das circunstâncias. "John 3:16," *Blue Letter Bible* (28 de maio de 2017), https:// www.blueletterbible.org/niv/jhn/3/16/t_conc_1000016

[55] A palavra grega traduzida como *ter* é *echō*, que é o Presente, Voz Ativa, Modo Subjuntivo. O Tempo Presente representa uma afirmação simples de um fato (ou realidade) visto como que ocorrendo no tempo atual. Na maioria dos casos, corresponde diretamente ao Presente do Indicativo no inglês. A Voz Ativa representa o sujeito como o fazedor ou executante da ação. O Modo Subjuntivo indica que a ação descrita pode ou não ocorrer, dependendo-se das circunstâncias. "John 3:16," *Blue Letter Bible* (15 de dezembro de 2011), https://www.blueletterbible.org/niv/ jhn/3/16/t_conc_1000016.

[56] "John 3:16," *Blue Letter Bible* (15 de dezembro de 2011), https://www. blueletterbible.

org/niv/jhn/3/16/t_conc_1000016.

[57] "John 10:10," *Blue Letter Bible* (17 de dezembro de 2011), https://www.blueletterbible.org/niv/jhn/10/10/t_conc_1007010.

[58] Karl Barth, *The Humanity of God* ("A Humanidade de Deus"); tradução: John Newton Thomas e Thomas Wieser (London: Collins Clear-type Press, 1961), 73.

[59] Chris Waters e Wess Pinkham. *Finding Closure to the Pains from the Past* ("Encontrando o Encerramento das Dores do Passado") (Lookout Mountain: Journeys to the Heart, Inc., 2006), 8.

[60] "O pecado é primariamente religioso e secundariamente ético. O homem é uma criatura de Deus e a sua responsabilidade primária é para com Deus. A raiz do pecado encontra-se em sua recusa de reconhecer numa grata dependência os dons e a bondade de Deus (Romanos 1.21), os quais são agora transmitidos em Cristo. As trevas são a afirmação de independência, ao invés da dependência em Deus." George Eldon Ladd, *The Gospel of the Kingdom: Popular Expositions on the Kingdom of God* ("O Evangelho do Reino: Exposições Populares sobre o Reino de Deus") (Grand Rapids: Eerdmans, 1983), 31.

[61] Esses três aspectos da santidade originam-se em Stanley J. Grenz, *Theology for the Community of God* ("Teologia para a Comunidade de Deus") (Grand Rapids: Eerdmans, 1994), 93-4.

[62] Chris Waters e Wess Pinkham. *Finding Closure to the Pains from the Past* ("Encontrando o Encerramento das Dores do Passado") (Lookout Mountain: Journeys to the Heart, Inc., 2006), 27.

[63] Lexicon: *Strong's* G5046 — *teleios*, "Blue Letter Bible" (9 de novembro de 2011), https://www.blueletterbible.org/lang/lexicon/lexicon.cfm?Strongs=G5046&t=NIV

[64] James B. Torrance, *Worship, Community and the Triune God of Grace* ("Adoração, Comunidade e o Deus Triuno da Graça") (Downers Grove: IVP Academic, 1996), 52-3.

[65] A palavra hebraica que é traduzida como *mandamentos* é *dabar*, que se refere a "discurso, expressão verbal, ou palavras". "Commandments," *Blue Letter Bible* (15 de dezembro de 2011), https://www.blueletterbible.org/lang/lexicon/lexicon.cfm?Strongs=H1697&t=ESV.

[66] "Shall," *Merriam-Webster Dictionary Online*, (15 de dezembro de 2011), https://www.merriam-webster.com/dictionary/shall.

[67] Isso é visto mais claramente em 1 Tessalonicenses 5.23: "*Que o próprio Deus, o Deus da paz, vos santifique completamente. Que todo o vosso espírito, alma e corpo sejam mantidos irrepreensíveis na vinda de nosso Senhor Jesus Cristo.*" Muito embora isso seja um assunto importante, está além do escopo deste estudo. Outros autores têm abordado esse tópico mais detalhadamente.

[68] Williams, Rowan. "Archbishop's address to the Synod of Bishops in Rome, Wednesday

10th October 2012." ("Palavra do Arcebispo ao Sínodo de Bispos de Roma, quarta-feira, 10 de outubro de 2012"). Dr. Rowan Williams, 104th Archbishop of Canterbury. Published 2012. Accessed July 14, 2017 ("Dr. Rowan Williams, 104 º Arcebispo de Canterbury. Publicado em 2012. Acessado em 14 de julho de 2017"). http://rowanwilliams.archbishopofcanterbury.org/articles/php/2645/archbishops-address-to-the-synod-of-bishops-in-rome.

[69] No capítulo anterior, dissemos que uma das formas com que podemos entender a santidade de Deus encontra-se na maneira com que Ele Se relaciona com as Suas criaturas. Dissemos que o Pai, Filho, e Espírito Santo existem num perfeito relacionamento de amor. Como tal, Deus é relacionalmente pleno, e, dessa plenitude, tudo o que Deus faz é centrado nos outros. Essa centralização nos outros é a essência da plenitude relacional, que é a essência da santidade. Outra maneira de dizermos isso é que "a santidade é a plenitude nos relacionamentos." O Pai diria: "Se você quer ser santo, cultive relacionamentos plenos."

[70] Adaptado de Jack W. Hayford, *Pastors of Promise: Pointing to Character and Hope as the Keys to Fruitful Shepherding* ("Pastores da Promessa: Apontando para o Caráter e a Esperança como as Chaves para um Pastoreamento Frutífero") (Ventura: Regal Books, 1997), 198-9.

[71] Esse é um dos muitos exemplos que mostram o desejo do Pai de que todas as nações O conheçam – judeus, samaritanos e gentios igualmente.

[72] "Lexicon:*Strong's*G4697–*splagchnizomai*,BlueLetterBible(2 de outubro de 2017),https://www.blueletterbible.org/lang /lexicon/lexicon.cfm?Strongs=G4697&t=ESV

[73] Tenho que dar o crédito a Kerry Wood por essa frase, que tem sido chave ao meu entendimento de santidade como plenitude relacional.

[74] Mateus 5.43-48: *"Ouvistes que foi dito: 'Amarás ao teu próximo, e odiarás ao teu inimigo.' Eu, porém, vos digo: 'Amai aos vossos inimigos, e orai pelos que vos perseguem', para que vos torneis filhos do vosso Pai que está nos céus, porque Ele faz nascer o Seu sol sobre maus e bons, e faz chover sobre justos e injustos. Se amardes aos que vos amam, que recompensa tereis? Não fazem os publicanos também o mesmo? E, se saudardes somente os vossos irmãos, que fazeis mais que os outros? Não fazem os gentios também o mesmo? Sede vós, pois, perfeitos, como é perfeito o vosso Pai Celestial."*

[75] John Macmurray, *Freedom in the Modern World: Broadcast Talks on Modern Problems* ("Liberdade no Mundo Moderno: Conversas Radiodifundidas sobre Problemas Modernos") (London: Faber & Faber Limited, 1934), 54-55.

[76] N.T. Wright, *Following Jesus: Biblical Reflections on Discipleship* ("Seguindo a Jesus: Reflexões Bíblicas sobre o Discipulado") (Grand Rapids: Eerdmans, 1995), 66-7.

[77] John Macmurray, *Freedom in the Modern World: Broadcast Talks on Modern Problems* ("Liberdade no Mundo Moderno: Conversas Radiodifundidas sobre Problemas Modernos")

(London: Faber & Faber Limited, 1934), 54-55.

78 Em meu livro *Lessons Learned in the Battle* ("Lições Aprendidas na Batalha"), discorro sobre a perspectiva de que a meta do inimigo não é roubar, matar ou destruir. Essas são ferramentas que ele usa com o propósito de separar-nos do amor de Cristo. Quando enfrentamos adversidades, se não permitirmos que as circunstâncias nos separem do Seu amor, sempre venceremos. Chiqui Polo-Wood, *Lessons Learned in the Battle: How to Live in Victory, No Matter What* ("Lições Aprendidas na Batalha: Como Viver na Vitória, a Todo Custo") (Bedford, TX: Burkhart Books, 2015).

79 No livro do Kerry, *The Abba Factor* ("O Fator Abba)", ele aborda detalhadamente o problema do espírito de órfão em contraste com o espírito de filiação que vemos exemplificado em Jesus e que é uma possibilidade real para nós desfrutarmos.

80 Ray S. Anderson, *The Soul of Ministry* ("A Alma do Ministério") (Louisville: Westminster John Knox Press, 1997), 31-2.

81 Karl Barth, *The Humanity of God* ("A Humanidade de Deus"); tradução: John Newton Thomas e Thomas Wieser (London: Collins Clear-type Press, 1961), 48-49.

82 Karl Barth, *The Humanity of God* ("A Humanidade de Deus"); tradução: John Newton Thomas e Thomas Wieser (London: Collins Clear-type Press, 1961), 46-47.

83 Barth expande esse tema, dizendo: "Jesus Cristo é em Sua única Pessoa, como verdadeiro Deus, o parceiro leal do homem, e, como verdadeiro homem, o parceiro de Deus. Ele é o Senhor humilhado para comunhão com o homem, e, semelhantemente, o Servo exaltado para comunhão com Deus. Ele é a Palavra falada da mais alta e mais luminosa transcendência, e, semelhantemente, a Palavra ouvida na mais profunda e escura imanência. Ele é ambas as coisas, sem que o ser delas seja confundido e também sem que o ser delas seja dividido. Ele é totalmente uma coisa e totalmente a outra coisa. Assim sendo, nessa unidade, Jesus Cristo é o Mediador, o Reconciliador, entre Deus e o homem. Portanto, Ele Se apresenta ao homem em nome de Deus, convocando e despertando a fé, o amor, e a esperança, e a Deus em nome do homem, representando o homem, fazendo expiação e intercedendo. Assim sendo, Ele atesta e garante ao homem a graça liberal, e, ao mesmo tempo, atesta e garante a Deus a livre gratidão do homem. Assim sendo, Ele estabelece em Sua Pessoa a justiça do homem face a face com Deus e também a justiça do homem diante de Deus. Assim sendo, Ele é em Sua Pessoa a aliança em sua plenitude, o Reino dos Céus que está próximo, em que Deus fala e o homem ouve, Deus dá e o homem recebe, Deus ordena e o homem obedece, a glória de Deus resplandece nas alturas e portanto penetra nas profundezas, e a paz na terra acontece entre os homens em quem Ele muito Se agrada. Além disso, exatamente dessa forma, Jesus Cristo, na qualidade desse Mediador e Reconciliador entre Deus e o homem, é também o Revelador de ambos." Karl

Barth, *The Humanity of God* ("A Humanidade de Deus"), 46-47.

[84] Isso implica que o próprio Jesus Cristo é o nosso Ajudador, e que o Espírito Santo é um Ajudador exatamente como Ele. A implicação é que o Deus Triuno – Pai, Filho, e Espírito Santo – é o Ajudador da humanidade.

[85] Merrill F. Unger, *Unger's Bible Dictionary* ("Dicionário Bíblico Unger") (Chicago: Moody Press, 1979), 496; L. Berkhof, *Teología Sistemática*, traduzido por Felipe Delgado Cortés, (Grand Rapids, Eerdmans, 1979), 112; e Pinnock, *Flame of Love: A Theology of the Holy Spirit* ("Chama de Amor: Uma Teologia do Espírito Santo") (Downers Grove: IVP Academic, 1969), 115.

[86] Gordon D. Fee, *GOD's Empowering Presence: The Holy Spirit in the Letters of Paul* ("A Presença Capacitadora de DEUS: O Espírito Santo nas Cartas de Paulo") (Peabody: Hendrickson, 1994), 497.

[87] Uma falsa religião e idealismo alega que a vida em Cristo é uma salvaguarda contra as coisas que tememos. Em contraste, a verdadeira religião diz que, independentemente do que aconteça, não há nada a temermos. Macmurray explica isso da seguinte forma: "A falsa religião e o falso idealismo dizem, na verdade: 'Feche os seus olhos às coisas que você teme; finja que tudo é para o melhor no melhor de todos os mundos possíveis; e há maneiras e meios de fazer com que os poderes divinos fiquem do seu lado, a fim de que você seja protegido das coisas que você teme. Elas talvez aconteçam com outras pessoas, mas Deus Se certificará que não aconteçam com você.' Pelo contrário, a verdadeira religião diz: 'Olhe de frente para os fatos que você teme; veja-os em toda a sua brutalidade e feiura, e você descobrirá, não que sejam irreais, mas que não devem ser temidos.'" John Macmurray, *Freedom in the Modern World: Broadcast Talks on Modern Problems* ("Liberdade no Mundo Moderno: Conversas Radiodifundidas sobre Problemas Modernos") (London: Faber & Faber Limited, 1934), 59.

[88] Thomas à Kempis, *The Imitation of Christ* (London: Penguin Books, 1952), 87. Também Clark H. Pinnock, *Flame of Love: A Theology of the Holy Spirit* ("Chama de Amor: Uma Teologia do Espírito Santo") (Downers Grove: IVP Academic, 1996), 116; e Graham H. Twelftree, *People of the Spirit: Exploring Luke's View of the Church* (("Pessoas do Espírito: Explorando a Visão de Lucas sobre a Igreja") (Grand Rapids: Baker Academic, 2009), 107.

[89] O cristianismo não tem a ver com "seguirmos a Jesus", mas com sermos nascidos de novo – nascidos do Espírito. Somos novas criaturas em Cristo. Se "seguirmos a Jesus" fosse suficiente, aí então o povo de Israel tinha tudo o que necessitavam para vivenciarem a vida eterna. Mas, quando Jesus veio, Ele veio proclamando entre os judeus a necessidade de nascerem de novo. Em João 3, encontramos a história de Jesus conversando com Nicodemos – um governante da sinagoga, um fariseu. Nicodemos era um devoto adepto da Lei de Moisés. Contudo, Jesus lhe diz: *"Em verdade, em verdade, lhe digo que, a menos que alguém*

nasça de novo, não poderá ver o Reino de Deus" (Jo 3.3). Ele esclarece ainda mais, dizendo: *"A menos que alguém nasça da água e do Espírito, não poderá entrar no Reino de Deus"* (Jo 3.5).

90 Jack W. Hayford, *Spirit-Formation* ("Formação do Espírito") (Sermão apresentado na *Autumn Leadership Conference* (Conferência de Liderança do Outono"), Van Nuys, California, 2000), The Church On The Way, Van Nuys, CA.; c itado em *Identity Formation: The Journey toward Personhood* ("Formação da Identidade: A Jornada em Direção à Personalidade") de Wesley M. Pinkham: (Lookout Mountain: Journeys to the Heart, Inc., 2003), 16.

91 Wesley M. Pinkham e Chris Waters. *Creative Conflict Management* ("Gestão Criativa de Conflitos"). Lookout Mountain: Journeys to the Heart, Inc., 2001), 292; e C. Baxter Kruger, *The Great Dance: The Christian Vision Revisited* ("A Grande Dança: A Visão Cristã Revisitada") (Vancouver: Regent College Publishing, 2000), 108. Também Pinnock, *Flame of Love: A Theology of the Holy Spirit* ("Chama de Amor: Uma Teologia do Espírito Santo") (Downers Grove: IVP Academic, 1996), 106, 178; e Jürgen Moltmann, *The Spirit of Life: A Universal Affirmation* ("O Espírito de Vida: Uma Confirmação Universal") (Minneapolis: Fortress, 1992), 278.

92 Gordon D. Fee, *GOD's Empowering Presence: The Holy Spirit in the Letters of Paul* ("A Presença Capacitadora de DEUS: O Espírito Santo nas Cartas de Paulo") (Peabody: Hendrickson, 1994), 319.

93 O fato de que as leis de Deus seriam escritas em nossos corações fala do desejo do Pai de que vivenciemos a vida em seu sentido mais verdadeiro, da forma expressa em Deuteronômio 5.29: *"Ó, que eles tivessem um coração tal neles que Me temessem e que sempre guardassem todos os Meus mandamentos, para que fosse bem com eles e com os seus filhos para sempre!"* Veja também Ezequiel 36.24-28 e Jeremias 31.31-34, onde Deus mostra como a santidade e a obediência à Sua Lei são a Sua própria obra no coração do Seu povo, pelo Seu Espírito.

94 Brennan Manning, *The Ragamuffin Gospel: Embracing the Unconditional Love of God* ("O Evangelho dos Maltrapilhos: Abraçando o Amor Incondicional de Deus") (Sisters, OR: Multnomah Books, 1990), 151.

95 Jürgen Moltmann, *The Spirit of Life: A Universal Affirmation* ("O Espírito de Vida: Uma Confirmação Universal") (Minneapolis: Fortress, 1992), 99, 202; e Twelftree, *People of the Spirit: Exploring Luke's View of the Church* ("Pessoas do Espírito: Explorando a Visão de Lucas sobre a Igreja"), 208-9.

96 Jon Huntzinger, *"Characteristics of the Holy Spirit"* ("Características do Espírito Santo") Palestras apresentadas no *Biblical Resources for Ministry D.Min. seminar* ("Seminário de Recursos Bíblicos para Ministérios D.Min.")Van Nuys, California, 12 de junho de 2012), The King's University, Van Nuys, CA.

97 Willard diz, com relação à alegria de Deus, que deveríamos, para começo de

conversa, achar que Deus vive uma vida bem interessante, e que Ele está repleto de alegria. Indubitavelmente, Ele é o Ser mais alegre do Universo. A abundância do Seu amor e generosidade é inseparável da Sua infinita alegria. Todas as coisas boas e bonitas das quais ocasionalmente bebemos ínfimas gotículas de alegria hilariante para a alma, Deus continuamente vivencia em toda a sua largura e profundidade e riqueza." Dallas Willard, *The Divine Conspiracy: Rediscovering Our Hidden Life in God* ("A Conspiração Divina: Redescobrindo a Nossa Vida Oculta em Deus") (San Francisco: Harper Collins, 1997), 62.

[98] Para mais detalhes sobre o fruto do Espírito, como se manifestava na vida de Jesus e se refletia na Igreja, veja Clark H. Pinnock, *Flame of Love: A Theology of the Holy Spirit* ("Chama de Amor: Uma Teologia do Espírito Santo") (Downers Grove: IVP Academic, 1996), 37, 39, 117; e Twelftree, *People of the Spirit: Exploring Luke's View of the Church* ("Pessoas do Espírito: Explorando a Visão de Lucas sobre a Igreja") (Grand Rapids, Baker Academic, 2009), 108ff.

[99] O fato de queimarem os seus filhos no fogo como sinal de adoração era comum entre os pagãos (veja 2 Reis 17.31; 23.10; Levítico 20.1-5; Jeremias 32.35). Contudo, Deus diz: *"Não adorareis o Senhor vosso Deus dessa maneira, porque todas as abominações que o Senhor odeia eles fizeram para os seus deuses, porque até mesmo queimam os seus filhos e as suas filhas no fogo para os seus deuses"* (Dt 12.31). Ele diz: *"[os filhos de Judá] edificaram os lugares altos de Tofete, que se encontra no Vale do Filho de Hinom, para queimarem os seus filhos e as suas filhas no fogo, que não ordenei, nem subiu ao Meu coração"* (Jr 7.31). Esse povo de Judá *"edificou os lugares altos de Baal para queimarem os seus filhos no fogo como ofertas queimadas a Baal, que não ordenei nem decretei, nem subiu ao Meu coração"* (Jr 19.5).

[100] A palavra hebraica *YHWH Yireh traz consigo a ideia de Deus trazer provisão quando Ele vê a necessidade.* Anotações sobre Gênesis 22.11-14 da *New Spirit- Filled Life Bible* ("Nova Bíblia da Vida Cheia com o Espírito"), Jack W. Hayford, ed. (Nashville, Thomas Nelson, 2002).

[101] Romanos 12.6-8 geralmente é considerado como "os dons criativos do Pai". Mais detalhes sobre esses dons estão além do escopo deste livro. Há outras fontes que lidam com os dons do Pai, Filho, e Espírito Santo mais detalhadamente. Um livreto intitulado *Understanding and Discerning Spiritual Gifts* ("Entendendo e Discernindo os Dons Espirituais") pode ser encomendado através de www. TableofFriends.com.

[102] O assunto do batismo no Espírito Santo está além do escopo deste livro. No entanto, muitos livros têm sido escritos sobre o assunto que explicam plenamente essa Promessa do Pai.

[103] Para um estudo completo dos dons do Espírito, recomendo o livro de Kerry Wood, *The Gifts of the Spirit for a New Generation* ("Os Dons do Espírito para uma Nova Geração") (Zadok Publishing, 2015).

[104] Quando Paulo usa o termo *"espinho na carne"*, ele o explica como *"um mensageiro de*

Satanás para esbofetear-me." A expressão *"espinho na carne"* é usada em todas as Escrituras para se descrever pessoas, geralmente exércitos inimigos.

105 Horst Robert Balz e Gerhard Schneider, *Exegetical Dictionary of the New Testament, Vol. 3* ("Dicionário Exegético do Novo Testamento, Vol. 3") (Grand Rapids: Eerdmans, 1990), 457.

106 F. F. Bosworth, *Christ the Healer* ("Cristo, Aquele Que Nos Cura") (Grand Rapids: Fleming H. Revell, 2004), 31-3.

107 Ken Blue, *Authority to Heal* ("Autoridade para Curar") (Downers Grove: IVP Books, 1987), 71-73.

108 Ken Blue, *Authority to Heal* ("Autoridade para Curar") (Downers Grove: IVP Books, 1987), 40.

109 Dallas Willard, *The Spirit of the Disciplines: Understanding How God Changes Lives* ("O Espírito das Disciplinas: Entendendo Como Deus Muda as Vidas") (San Francisco: Harper Collins, 1991), 208.

110 Podemos presumir que todos os fariseus e outros judeus devotos eram bem versados nas Escrituras, mas não portavam a identidade de filhos.

111 Esse tema é detalhado em *The Abba Factor* ("O Fator Abba"), de Kerry Wood.

112 O espaço não permite uma descrição detalhada das disciplinas espirituais. Excelentes livros têm sido escritos sobre esse assunto. Recomendo os seguintes:

Dallas Willard, *The Spirit of the Disciplines: Understanding How God Changes Lives* ("O Espírito das Disciplinas: Entendendo Como Deus Muda as Vidas") (San Francisco: Harper Collins, 1991).

Jack W. Hayford, *Living the Spirit-Formed Life* ("Vivendo a Vida Formada pelo Espírito") (Ventura, CA: Regal Books, 2001).

113 Skye Jethani, *With: Reimagining the Way You Relate to God* ("Com: Reimaginando a Maneira com que Você se Relaciona com Deus") (Nashville: Thomas Nelson, 2011), 151-2.

114 Essa é a definição da palavra *pleroma*: Strong's #4138. Jack W. Hayford, ed. *The Hayford Bible Handbook.* ("O Manual Bíblico Hayford") (Nashville, Thomas Nelson, 1995), 619.

115 PInformações de análises gramaticais: *Strong'sG4137—plēroō,BlueLetterBible*(18 de novembro de 2017), https://www.blueletterbible.org/nkjv/eph/5/18/t_conc_1102018

116 Brennan Manning, *A Stranger to Self-Hatred: A Glimpse of Jesus* ("Um Estranho ao Ódio a Si Mesmo") (Denville, NJ: Dimension Books,1982), 103.

www.ingramcontent.com/pod-product-compliance
Lightning Source LLC
LaVergne TN
LVHW012036070526
838202LV00056B/5518